PRIDE!

LGBTIQ+

Das seit den 1990er-Jahren eingebürgerte und mehrfach erweiterte Akronym LGBTIQ+ soll das breite Spektrum von Menschen in aller Welt abdecken, die sich selbst nicht als Heterosexuelle oder Cisgender definieren. Es schließt auch diejenigen Bewegungen ein, die für die Rechte dieser Menschen kämpfen.

Aus Gründen der Vereinfachung wird dieses Akronym im ganzen Buch als Oberbegriff verwendet. Das bedeutet, dass LGBTIQ+ manchmal rückwirkend auf Gruppen Anwendung findet, die sich selbst nicht unter diesem Kürzel eingeordnet hätten. Das englische Wort »queer« wird als inklusiver Begriff verwendet, um die vielschichtige und weit zurückreichende Geschichte der LGBTIQ+-Communitys und -Kulturen während des 20. und 21. Jahrhunderts zu beschreiben.

PRIDE!

Eine kurze Geschichte der LGBTIQ+-Bewegung

Vorwort von Linus Giese

PRESTEL
MÜNCHEN · LONDON · NEW YORK

INHALT

1 Vor Stonewall

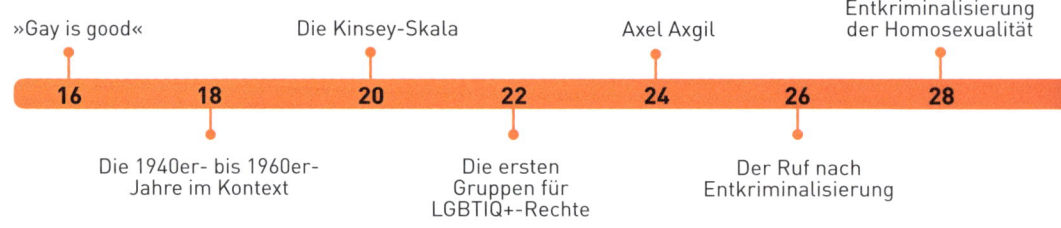

- »Gay is good« — 16
- Die 1940er- bis 1960er-Jahre im Kontext — 18
- Die Kinsey-Skala — 20
- Die ersten Gruppen für LGBTIQ+-Rechte — 22
- Axel Axgil — 24
- Der Ruf nach Entkriminalisierung — 26
- Entkriminalisierung der Homosexualität — 28

2 LGBTIQ+-Selbstbefreiung

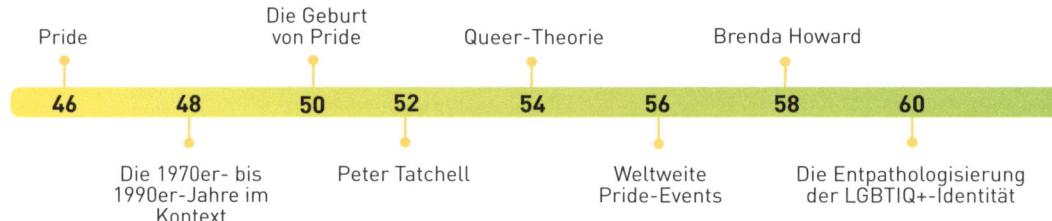

- Pride — 46
- Die 1970er- bis 1990er-Jahre im Kontext — 48
- Die Geburt von Pride — 50
- Peter Tatchell — 52
- Queer-Theorie — 54
- Weltweite Pride-Events — 56
- Brenda Howard — 58
- Die Entpathologisierung der LGBTIQ+-Identität — 60

3 Gleichberechtigung im 21. Jahrhundert

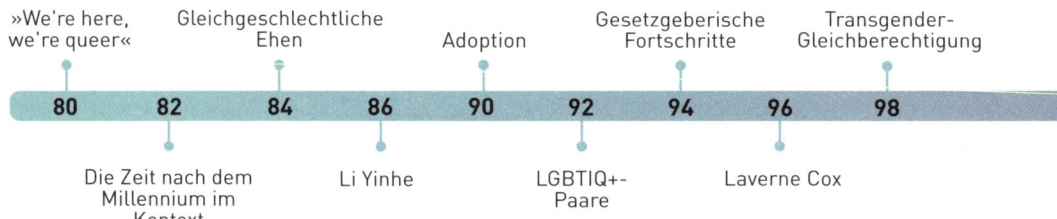

- »We're here, we're queer« — 80
- Die Zeit nach dem Millennium im Kontext — 82
- Gleichgeschlechtliche Ehen — 84
- Li Yinhe — 86
- Adoption — 90
- LGBTIQ+-Paare — 92
- Gesetzgeberische Fortschritte — 94
- Laverne Cox — 96
- Transgender-Gleichberechtigung — 98

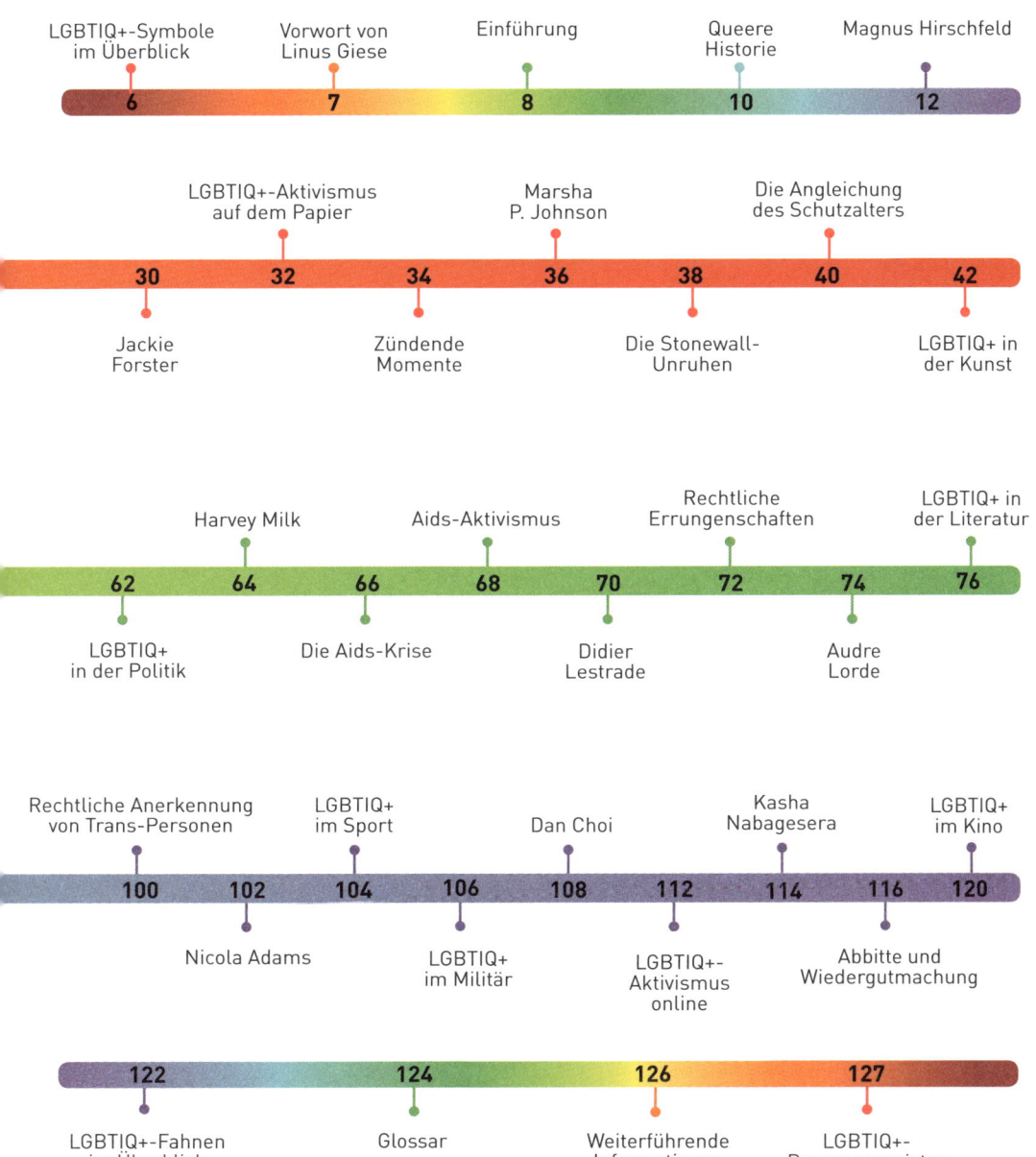

LGBTIQ+-Symbole im Überblick

Im Lauf der Geschichte benutzten die Menschen der LGBTIQ+-Community unterschiedliche Symbole, um ihre Identität auszudrücken. Einige davon, wie Ringe, Taschentücher und Blüten, dienten ursprünglich als heimliches Erkennungszeichen. Heute werden die gezeigten LGBTIQ+-Symbole offen und selbstbewusst gezeigt.

MARSSYMBOL
Zwei verschränkte Marssymbole stehen seit den 1990er-Jahren repräsentativ für die schwule Community.

VENUSSYMBOL
Zwei verschränkte Venussymbole werden häufig als Zeichen für die lesbische Community gebraucht.

TRANSGENDER
Die Trans-Aktivistin Holly Boswell kombinierte die Venus- und Marssymbole 1993. Dieses Zeichen steht nun für die Transgender-Community.

LAMBDA
Der griechische Buchstabe L (lambda) wurde ursprünglich mit der Lesben- und Schwulenbewegung assoziiert. 1970 machte die Gay Activists Alliance in New York ihn zu ihrem offiziellen Symbol.

PANSEXUALITÄT
Das p-förmige Symbol für Pansexualität vereint Mars-, Venus- und Transgender-Symbole in einem neuen Erkennungszeichen.

ROSA WINKEL
Er diente ursprünglich zur Stigmatisierung schwuler Männer in den Konzentrationslagern der Nazis. Der rosa Winkel wurde in den 1970er-Jahren von Aktivist:innen als Symbol für ihren Kampf um LGBTIQ+-Rechte aufgegriffen.

DOPPELHALBMOND
Vivian Wagner kreierte den doppelten Halbmond 1998 als Alternative zum Rosa Winkel. Das Zeichen soll Bisexualität symbolisieren, ohne auf fragwürdige historische Assoziationen zurückzugreifen.

LABRYS
Die Doppel- oder Amazonenaxt steht für frauliche Stärke und Unabhängigkeit; seit den 1970er-Jahren symbolisiert sie lesbischen Feminismus.

Vorwort von Linus Giese

Mit den Grünen-Politikerinnen Nyke Slawik und Tessa Ganserer sind in diesem Jahr die ersten beiden trans Frauen in den Bundestag eingezogen. Es sind zumindest die ersten Politikerinnen, bei denen dies öffentlich bekannt ist. Dabei fällt auf, dass die beiden nicht das Gefühl haben, sich verstecken zu müssen oder ihre politische Karriere durch ein Coming-out zu gefährden. Ganz im Gegenteil: Sie ziehen selbstbewusst ins Parlament ein, um dort in Zukunft queere Politik zu machen.

Ich glaube, dass das ein wichtiges Zeichen ist! An uns als Community, aber auch an die Gesellschaft da draußen. Wir sind auch da, uns gibt es wirklich! Wir sind keine Nische mehr, sondern dringen in Bereiche vor, in denen wir lange Zeit nicht vorkamen. Ich denke dabei auch an die Kampagne #ActOut, bei der sich 185 Schauspieler:innen als lesbisch, schwul, bisexuell, queer, nicht-binär und trans outeten und davon erzählten, dass viele von ihnen ihre Identität oder sexuelle Orientierung lange Zeit geheim halten mussten, aus Angst davor, sonst keine Rollenangebote mehr zu bekommen.

Diese Sichtbarkeit und dieser Mut sind etwas, das ich feiere und das mich in meiner eigenen Sichtbarkeit empowert. Es begeistert mich, wie viele Serien und Bücher es mittlerweile gibt, in denen queere Geschichten erzählt werden. Ich arbeite in einem Buchladen, in dem wir ausschließlich Bücher von Frauen und queeren Autor:innen in den Regalen stehen haben – und es funktioniert, zu uns kommen Menschen, die sich gesehen fühlen und sich darüber freuen, dass es einen Ort gibt, an dem ihre Geschichten auch endlich vorkommen.

Wagen wir einen kurzen Blick zurück: Am 28. Juni 1969 fanden die sogenannten Stonewall-Aufstände statt, bei denen lesbische, schwule, bisexuelle und trans Menschen sich vor dem »Stonewall Inn« gegen Polizeigewalt zur Wehr setzten. Dieser Tag wird oft als Startschuss der LGBTIQ+-Bewegung gesehen. Seitdem hat sich vieles getan: Wir feiern jeden Juni, Jahr für Jahr, diesen Kampf um Emanzipation und Selbstermächtigung im sogenannten Pride Month.

Doch bei all dem, was wir an Sichtbarkeit, an Repräsentation und an Selbstverständlichkeit in den vergangenen Jahren hinzugewonnen haben, dürfen wir die Augen nicht vor der Diskriminierung verschließen, die wir immer noch erleben. Trotz der sogenannten »Ehe für alle« haben gleichgeschlechtliche Eltern weniger Rechte: Es ist nicht möglich, zwei Mütter oder zwei Väter in die Geburtsurkunde einzutragen. Genauso erschreckend ist, dass schwule Männer und trans Menschen in Deutschland kein Blut spenden dürfen. Oder die Tatsache, dass das veraltete Transsexuellengesetz immer noch nicht durch ein zeitgemäßeres Selbstbestimmungsgesetz ersetzt wurde.

Ich wünsche mir, dass wir weiter stolz und mutig sichtbar sind und kämpferisch bleiben, denn für diesen Stolz und Mut steht die Pride!

EINFÜHRUNG

Wann genau die Bewegung für die Rechte von LGBTIQ+-Menschen begann, lässt sich nicht genau bestimmen. Schon erstaunlich früh bezogen Pioniere wie der Arzt Magnus Hirschfeld Stellung in der öffentlichen Meinung und beklagten die Behandlung von lesbischen und schwulen Menschen. Sie versuchten, die Öffentlichkeit dafür zu sensibilisieren, was es bedeutete, nicht heterosexuell, nicht cisgender oder nonkonformistisch zu sein – eine damals oft ausgesprochen gefährliche Haltung. Bis zur Mitte des 20. Jahrhunderts waren es nur vereinzelte Stimmen, die ihre Ideen auf oft radikale Weise in einem Klima tief verwurzelter Diskriminierung zum Ausdruck brachten.

Im Berlin der 1920er-Jahre entstanden eigene Klubs und Presseorgane für Schwule und Lesben; manche Individuen begannen, sich gegen ihre Unterdrückung starkzumachen, und organisierten Demonstrationen und Versammlungen. Im folgenden Jahrzehnt ergriff der »Pansy Craze« amerikanische Großstädte wie New York, eine wilde, von Dragqueens getragene Untergrund-Partyszene, die die schwule Subkultur auf die wichtigsten Bühnen Manhattans brachte. Während die Szene knapp unterhalb der Wahrnehmungsschwelle ihre LGBTIQ+-Identität feierte, legte sie weltweit die Fundamente für Gay Pride und Empowerment. Wie ein Katalysator bewirkte sie, dass sich die ganze queere Community endlich hinter eine gemeinsame Losung scharte und für sich Respekt, Anerkennung und Rechte einforderte.

Allerdings gelang es LGBTIQ+-Aktivist:innen erst in den 1940er-Jahren, eine wirksame Mobilisierung herbeizuführen und sich so zu organisieren, dass der Kampf um Akzeptanz auch auf der formalen Ebene geführt werden konnte. Hier setzt dieses Buch ein, in der Zeit nach dem Zweiten Weltkrieg, als gesellschaftliche Normvorstellungen infrage gestellt wurden und rund um den Globus die ersten LGBTIQ+-Organisationen entstanden, die ihre Rechte einforderten. Wir folgen der Entwicklung dieser »homophilen Gruppen« bis zum aktuellen Kampf um Transgenderrechte und um formelle Abbitte für die Diskriminierung der LGBTIQ+-Community anhand der Meilensteine: Stonewall-Aufstand, Pride und Aktivismus nach der Aids-Krise.

Legende Jeder Kontinent wird im Buch mit einer eigenen Farbe dargestellt.

● Europa ● Nordamerika ● Afrika
● Asien   ● Südamerika   ● Ozeanien

Eine so gedrängte Darstellung muss naturgemäß zahlreiche Aspekte der gesamten Geschichte ausblenden, und das gilt insbesondere für den Kampf um LGBTIQ+-Rechte. Auch das Akronym LGBTIQ+ unterliegt seit jeher einem stetigen Wandel, indem es die möglichst umfängliche Einbeziehung der vielen verschiedenen Gruppen und Individuen zu erfassen versucht. Die Menschen, die sich dazu bekennen, gehören einem breiten Spektrum unterschiedlichster Gemeinschaften an, das nicht selten von großen Meinungsverschiedenheiten gekennzeichnet ist. Dieses Buch bietet nur einen selektiven Überblick über eine ebenso dicht gefügte wie vielschichtige Bewegung, die von zahllosen individuellen Vorbildern und Gruppen inspiriert wurde; diese haben ihr Leben in den Dienst einer besseren Zukunft für Menschen gestellt, die sich nicht als heterosexuell oder cisgender betrachten.

Die hier gesammelten Berichte, Zeitleisten und Biografien dienen insbesondere dazu, das unglaubliche Durchhaltevermögen, den Mut und den Optimismus zu veranschaulichen, mit denen sich die queere Gemeinschaft gegen Diskriminierung, Unterdrückung und sogar katastrophale Rückschritte stemmt. In ihrer Gesamtheit belegen sie die großen Fortschritte, die bisher erreicht wurden, und wirken wie ein ermächtigender Weckruf an uns alle, den begonnenen Weg fortzuschreiten.

QUEERE HISTORIE

Gender und Sexualität haben in den verschiedensten Zeiten der Menschheitsgeschichte Spuren ihrer Diversität hinterlassen; Belege dafür finden sich in nahezu allen frühen Zivilisationen. Ergebnisse der historischen Forschung legen nahe, dass erst unter christlichen und islamischen Vorzeichen im ersten Jahrtausend unserer Zeitrechnung queere Menschen mit jenen Vorurteilen konfrontiert wurden, gegen die LGBTIQ+-Communitys noch heute ankämpfen müssen.

um 1000 v. u. Z. Bereits um das Jahr 1000 vor unserer Zeitrechnung galt unter der indigenen Bevölkerung Nordamerikas, dass gelebte multiple Genderrollen und Sexualität nicht über das soziale Geschlecht einer Person bestimmten. 1990 wurde davon der Begriff »**two-spirit**« abgeleitet, als Oberbegriff für alle nicht genderkonformen Begriffe, die von traditionell lebenden Gemeinschaften gebraucht werden.

um 600 v. u. Z. Die auf der Insel Lesbos lebende griechische Schriftstellerin **SAPPHO** verfasst Gedichte über Liebe und körperliches Verlangen. Plato rühmt ihre Kunst, die Öffentlichkeit setzt ihr Denkmäler. Während viele Übersetzungen und Deutungen ihrer Lyrik einen heterosexuellen Tonfall zu geben versuchten, gilt heute als anerkannte Tatsache, dass sie die Liebe zwischen Frauen besang.

um 400 v. u. Z. Das **KAMASUTRA**, der Text über die Kunst zu leben, zu lieben und sich zu vergnügen, wird dem altindischen Philosophen Vatsyayana Mallanaga zugeschrieben. Darin werden in verschiedenen Passagen gleichgeschlechtliche Beziehungen zwischen Männern und Frauen geschildert. Liebe und sexuelle Erfüllung werden als herausragende Ziele im Leben der Menschen propagiert.

um 385 v. u. Z. **PLATON**s *Symposion* feiert gleichgeschlechtliche Beziehungen, eine weithin anerkannte soziale Norm im antiken Griechenland. Das *Symposion* betont insbesondere den pädagogischen Nutzen solcher Beziehungen für Heranwachsende. Als eines der ersten literarischen Werke stellt es Homosexualität als natürlich gegeben dar, nicht als bewusste Entscheidung.

um 10 — Der **WARREN-BECHER**, ein silberner Kelch aus der römischen Antike, ist mit zwei Darstellungen geschmückt, auf denen männliche Paare vor dem Hintergrund von Wandteppichen und Musikinstrumenten sexuelle Handlungen vollziehen. Der Kelch wurde sehr wahrscheinlich von reichen Angehörigen der griechischen Gemeinde in Auftrag gegeben.

um 220 — Der römische Kaiser **ELAGABAL** wird von der modernen Geschichtsschreibung als transgender eingestuft, weil er Frauenkleidung bevorzugte und eine hohe Belohnung für denjenigen Arzt ausgesetzt haben soll, der ihn einer geschlechtsangleichenden Operation unterziehen könne.

um 450 — Textüberlieferungen aus der Früheren Song-Dynastie in China stellen männliche Homosexualität als normale Facette des Lebens im späten fünften Jahrhundert dar. Demnach war die Männerliebe so verbreitet, dass sie heterosexuelle Ehen gefährdete und bei Frauen verbitterte und eifersüchtige Reaktionen hervorrief.

um 500 — In der **MAHABHARATA**, einem altindischen Sanskrit-Epos, erscheinen mehrere LGBTIQ+-Figuren. Am bekanntesten ist ein Krieger namens Shikhandi in der Schlacht um Kurukshetra. Er galt bei der Geburt als Mädchen, verhält sich aber wie ein Mann, tauscht sein Geschlecht mit einem Waldgeist und heiratet eine Frau.

um 750 — Während des Abbasiden-Kalifats, einem islamischen Großreich, preist der persisch-arabische Poet **ABU NUWAS** in seiner Lyrik die gleichgeschlechtliche Liebe sowie Reiz und Schönheit junger männlicher Liebhaber.

»Der Tag wird kommen, an dem Wissenschaft über Irrtum, Gerechtigkeit über Ungerechtigkeit und menschliche Liebe über Hass und Unwissenheit siegt.«

Magnus Hirschfeld, Arzt und radikaler Theoretiker in Fragen von Sexualität und Gender, war einer der wichtigsten Vorkämpfer für die Rechte von LGBTIQ+. Hirschfelds Laufbahn stand im Zeichen seines unermüdlichen Werbens um die Akzeptanz der Homosexualität. Als erster Arzt untersuchte er Transgender-Menschen und trat öffentlich für sie ein. Er führte 1930 die erste geschlechtsangleichende Operation an Lili Elbe in Berlin durch. Hirschfelds inklusiver Denkansatz war revolutionär, weil er die ganze Bandbreite des heutigen LGBTIQ+-Spektrums einbezog. 1897 begründete er das »Wissenschaftlich-humanitäre Komitee«, die erste Organisation für die Rechte von Homosexuellen, und 1919 eröffnete er das Institut für Sexualwissenschaft, das erste seiner Art. Nach der Machtübernahme der Nazis 1933 wurde Hirschfelds Institut – als Jude und Homosexueller erfüllte er gleich zwei Feindbilder – geplündert und zerstört. Es dauerte ein Jahrhundert, bis seine progressiven Ideen weltweite Verbreitung fanden.

Magnus Hirschfeld
Deutschland

1868–1935

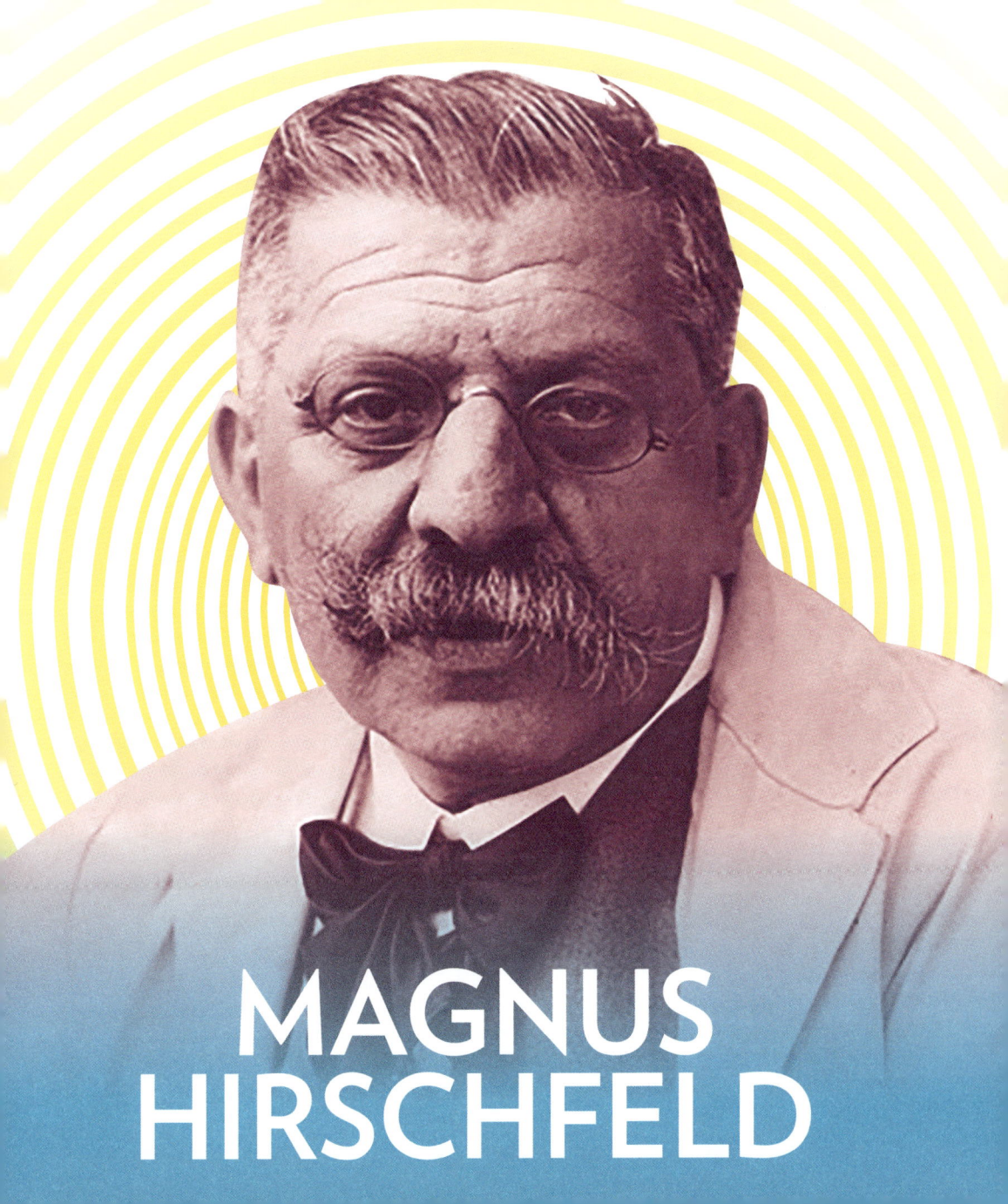

1 Vor Stonewall
1940er- bis 1960er-Jahre

LGBTIQ+-Individuen fordern gemeinsam
- die Entkriminalisierung der Homosexualität
- Gleichberechtigung
- Gerechtigkeit nach dem Stonewall-Aufstand

1947

Vice Versa, ein lesbisches Magazin (»America's gayest«), erscheint zum ersten Mal.

1955

Billy Wright singt sein Lied »Don't You Want a Man Like Me?« demonstrativ in Frauenkleidung.

1952

Die *New York Daily News* berichtet auf der Titelseite über Christine Jorgensens geschlechtsangleichende Operation.

1952

Patricia Highsmith veröffentlicht ihre lesbische Liebesgeschichte *Salz und sein Preis* unter Pseudonym.

»GAY IS GOOD«

Die 1940er- bis 1960er-Jahre waren entscheidend für die internationale LGBTIQ+-Bewegung und ihren Kampf um Gleichberechtigung. Obwohl Homosexualität in den meisten Ländern strafrechtlich verfolgt wurde, gründeten schwule und lesbische Menschen nach dem Zweiten Weltkrieg Organisationen und arbeiteten über Ländergrenzen hinweg zusammen, um für eine gesellschaftliche und gesetzliche Gleichberechtigung zu kämpfen.

Diese Gruppierungen bezeichneten sich selbst als »homophile« Bewegungen, nach dem griechischen Wort, das die »Zuneigung zwischen Gleichen« umschreibt. Vom dänischen »Forbundet af 1948« über die französische »Arcadie« zur »Mattachine Society« in den USA boten diese Organisationen ein Forum für die Gay-Community. Im Jahr 1968 griffen die Delegierten der »North American Conference of Homophile Organisations« (NACHO, ausgesprochen »Nay-Ko«) den Slogan »Gay is Good« von Frank Kameny (1925–2011) auf. Homosexualität sei nichts, wofür man sich schämen müsse.

Nach und nach trug dieser Kampf um Gleichberechtigung Früchte: Schweden und Dänemark beseitigten 1944 Homosexualität als strafrechtlichen Tatbestand. 1962 entkriminalisierte Illinois als erster US-Bundesstaat einvernehmlichen Sex zwischen

1956
James Baldwin veröffentlicht den schwulen Roman *Giovannis Zimmer*.

1959
Der Film *Manche mögen's heiß* zeigt Crossdressing und einen Kuss zwischen Gleichgeschlechtlichen.

1967
Craig Rodwell eröffnet in New York den weltweit ersten schwulen Buchladen, den »Oscar Wilde Memorial Bookshop«.

1969
In San Francisco wird die schwule Avantgarde-Theatertruppe The Cockettes gegründet.

gleichgeschlechtlichen Partnern; 1967 folgten England und Wales mit der Reform des »Sexual Offences Act«, 1968 die DDR und 1969 die Bundesrepublik Deutschland.

Ermutigt von den Strategien und Erfolgen der Bürgerrechtsbewegung trat parallel zu diesen Fortschritten in der Gesetzgebung eine neue Generation von Aktivist:innen an. Sie veränderte Richtung und Taktik im Kampf um die Rechte von LGBTIQ+-Menschen, weil sie sich in einen größeren Zusammenhang einordnete: Es ging um den umfassenden Abbau gesellschaftlicher Strukturen, die als unterdrückend wahrgenommen wurden. Diese Aktivist:innen trugen ihre Perspektive und Forderungen trotziger vor als ihre Vorläufer. Zugleich setzte sich die LGBTIQ+-Community in den USA erstmals gegen Polizeirazzien in Schwulenbars zur Wehr, beispielsweise in der »Compton's Cafeteria« in San Francisco oder der »Black Cat Tavern« in Los Angeles.

Im Jahr 1969 erreichte dieser zivile Ungehorsam rund um das »Stonewall Inn« im New Yorker Greenwich Village einen ersten Scheitelpunkt. Dieser Moment prägte eine ganze Epoche: Etwa 200 Barbesucher:innen und Anwohner:innen wagten drei Nächte lang den Aufstand gegen die polizeilichen Schikanen. Die Unruhen wurden rund um die Welt als deutliche Botschaft vernommen und mobilisierten eine internationale Bewegung. In ihrem Kielwasser entstand eine machtvolle neue Kraft: *Gay Liberation*, die schwule Selbstbefreiung.

DIE 1940ER- BIS 1960ER-JAHRE IM KONTEXT

Der Drang nach Gleichheit der Geschlechter und Rassen und der Kampf gegen Diktatoren, das koloniale Joch, Kriege und staatliche Allmacht standen nach dem Zweiten Weltkrieg an der Wiege zahlreicher Befreiungsbewegungen. Auch das Ringen um die Rechte der Schwulen und Lesben gehört in diesen Zusammenhang.

1939–1945
DER ZWEITE WELTKRIEG
Kein kriegerischer Konflikt der Menschheitsgeschichte hat jemals so viele Nationen betroffen und so viele Menschenleben gekostet wie dieser; die Schätzungen reichen von 70 bis zu 85 Millionen Opfern. Dazu zählen sechs Millionen Juden und eine unbekannte Anzahl von homosexuellen Menschen, die in den Lagern der Nazis starben. Die Entwicklung von Nuklearwaffen und ihr Einsatz gegen Japan 1945 durch die USA beenden zwar den Krieg, läuten aber einen jahrzehntelangen Rüstungswettlauf mit der Sowjetunion ein. Während sich Westeuropa vom Krieg erholt, bricht der Kalte Krieg zwischen den USA und der UdSSR aus, in dem die beiden Nationen um den Rang der führenden Weltmacht wetteifern.

1945–1960
ENTKOLONIALISIERUNG
Nach dem Zweiten Weltkrieg setzt der Kampf vieler Nationen gegen die Fremdherrschaft ein. Mahatma Gandhi macht den gewaltlosen Widerstand der Inder in aller Welt bekannt und führt sein Land 1947 in die Unabhängigkeit von Großbritannien. 1960 geht als »afrikanisches Jahr« in die Geschichte ein, weil 17 Länder sich aus der Bevormundung durch ihre europäischen Kolonialmächte lösen. Oft ist der Übergang gewaltsam. Das Erbe der Kolonialherrschaft lebt häufig noch in einer Gesetzgebung fort, die LGBTIQ+-Menschen teilweise bis heute diskriminiert.

1964
DER CIVIL RIGHTS ACT
Der jahrzehntelange Kampf um die Gleichberechtigung der Afroamerikaner schlägt sich nun endlich auch in der Gesetzgebung nieder. Die Bewegung setzt auf gewaltlose Strategien wie Boykotts, Sitzstreiks und Sternmärsche. Der Civil Rights Act von 1964 verbietet Diskriminierung aufgrund von Rasse, Hautfarbe, Religion, biologischem Geschlecht oder Herkunft und hebt die Rassentrennung auf. Im gleichen Jahr wird Martin Luther King Jr. für seine führende Rolle in der Bürgerrechtsbewegung mit dem Friedensnobelpreis ausgezeichnet.

1968

SOZIALE UND POLITISCHE UNRUHEN

In diesem Jahr brechen vielerorts in Europa gewaltsame Proteste gegen politische Institutionen und Eliten aus, unter anderem in Paris, London, Rom, Prag und Berlin; sie greifen auch auf die USA über. Während die Errungenschaften der 68er-Bewegung noch umstritten sind, gilt sie selbst inzwischen als archetypisch für den modernen Bürgerprotest.

1969

MONDLANDUNG

Der amerikanische Astronaut Neil Armstrong ist der erste Mensch, der während der Apollo-11-Mission den Mond betritt. Das »Space Race« während des Kalten Kriegs zwischen der Sowjetunion und den USA bildet den Rahmen für zahlreiche technische Errungenschaften: Der Russe Juri Gagarin ist 1961 der erste Mensch im All, dem 1963 als erste Frau Walentina Tereschkowa folgt.

1969

GEGENKULTUR

Das Woodstock-Festival wird oft als Höhepunkt einer Bewegung gegen das Establishment bezeichnet. Sie ergreift während der 1960er- und 1970er-Jahre große Teile der westlichen Welt. Für junge Menschen, die während des Babybooms der Nachkriegsjahre geboren wurden, bietet die Gegenkultur eine Alternative zum gesellschaftlichen Mainstream: sie propagiert freie Liebe, Frauenrechte und die Aufgabe der traditionellen wirtschaftlichen und familiären Vorstellungen.

1960–1979

DIE ZWEITE WELLE DES FEMINISMUS

Eine neue Generation der Frauenbewegung setzt sich für die familiäre Gleichberechtigung von Frauen, ihre reproduktiven Rechte und das Ende gesetzlicher Ungleichbehandlung ein. Die nunmehr verfügbare Pille verschafft Frauen die Selbstbestimmung über ihre reproduktive Gesundheit und bietet ihnen die Wahlmöglichkeit, Kinder zu bekommen oder eine Ausbildung und eine Karriere anzustreben. Ein bedeutender Durchbruch gelingt 1973, als der Oberste Gerichtshof der Vereinigten Staaten im berühmten Fall *Roe gegen Wade* das Recht auf eine Abtreibung bestätigt. Heute wird die zweite Welle des Feminismus kritisch betrachtet, weil sie sich nicht für lesbische und Trans-Frauen interessierte und deren Erfahrungen ignorierte.

1948

USA

DER ZOOLOGE UND SEXUALFORSCHER ALFRED KINSEY LEGT SEINE KINSEY-SKALA VOR, DIE GÄNGIGE VORSTELLUNGEN VON SEXUALITÄT ÜBER DEN HAUFEN WIRFT. SEXUELLE ORIENTIERUNG GALT BIS DAHIN ALS UNWIDERRUFLICH UND BINÄR. KINSEY STELLT SIE ALS FLIESSEND UND WANDELBAR DAR.

MAN DARF DIE WELT NICHT IN BÖCKE UND SCHAFE EINTEILEN. NICHT ALLE DINGE SIND ENTWEDER SCHWARZ ODER WEISS.

ALFRED KINSEY (1894–1956)
AMERIKANISCHER ZOOLOGE, SEXUALFORSCHER UND »VATER DER SEXUELLEN REVOLUTION«

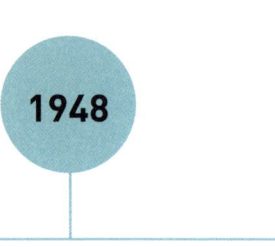

1948 — DÄNEMARK

AXEL AXGIL GRÜNDET »KREDSEN AF 1948« (»DER KREIS VON 1948«), EINE DER ERSTEN ORGANISATIONEN FÜR LGBTIQ+-RECHTE DER WELT. HEUTE IST SIE ALS »LGBT+ DANMARK« BEKANNT.

1950 — FRANKREICH

ANDRÉ BAUDRY GRÜNDET DIE ERSTE HOMOPHILEN-GRUPPE FRANKREICHS, DIE »ASSOCIATION ARCADIE«. ZIEL IST, FÜR DIE AKZEPTANZ DER GAY-COMMUNITY IN DER FRANZÖSISCHEN GESELLSCHAFT ZU WERBEN, MIT KLUBHAUS UND EIGENER ZEITSCHRIFT.

1950

USA

DIE VON HARRY HAY GEGRÜNDETE »MATTACHINE SOCIETY« GEHÖRT ZU DEN ÄLTESTEN SCHWULENVERBÄNDEN DER USA. 1955 FOLGT DIE ERSTE NATIONALE ORGANISATION FÜR DIE RECHTE LESBISCHER FRAUEN, »THE DAUGHTERS OF BILITIS« (DOB).

1951

DAS »INTERNATIONAL COMMITTEE FOR SEXUAL EQUALITY« (ICSE) VEREINT AUF ANREGUNG DES VORSITZENDEN DER NIEDERLÄNDISCHEN HOMOPHILENORGANISATION »CULTUUR- EN ONTSPANNINGS CENTRUM« (C.O.C.) EUROPÄISCHE UND US-VEREINIGUNGEN IN EINER ÜBERNATIONALEN ORGANISATION.

DIE ERSTEN GRUPPEN FÜR LGBTIQ+-RECHTE

»Seid offen. Bekennt euch. Kämpft weiter. Nur auf diesem Weg lässt sich irgendetwas bewegen.«

Der 1915 geborene Däne Axel Axgil war ein echter Pionier der LGBTIQ+-Bewegung. Er war nicht nur Mitbegründer des »Kredsen af 1948« (»Der Kreis von 1948«), unter seiner Verantwortung wuchs die Organisation schnell und zählte rekordverdächtige 2600 Mitglieder, als er 1952 den Vorsitz abgab. Jahrzehntelang warb er für eingetragene Partnerschaften. Gemeinsam mit seinem Partner, mit dem er beinahe 40 Jahre verlobt war, bildete er das weltweit erste gleichgeschlechtliche Paar, das auch zivilrechtliche Anerkennung erfuhr. Als die beiden 1989 endlich eine eingetragene Partnerschaft eingehen konnten, bildeten Axel Lundahl-Madsen und Eigil Eskildsen aus ihren Vornamen den neuen gemeinsamen Familiennamen »Axgil«.

Axel Axgil
DÄNEMARK

1915–2011

1957

GROSSBRITANNIEN

DER »WOLFENDEN REPORT« DER KÖNIGLICHEN KOMMISSION ZUR HOMOSEXUALITÄT UND PROSTITUTION EMPFIEHLT, »EINVERNEHMLICHE PRIVATE HOMOSEXUELLE AKTE ZWISCHEN ERWACHSENEN« NICHT LÄNGER STRAFRECHTLICH ZU VERFOLGEN. 1967 WIRD HOMOSEXUALITÄT DURCH DIE REFORM DES »SEXUAL OFFENCES ACT« ENTKRIMINALISIERT.

1959

DDR

DER NERVENARZT RUDOLF KLIMMER WENDET SICH AN DAS ZENTRALKOMITEE DER SED. BEI DER REFORM DES STRAFGESETZBUCH-PARAGRAFEN 175 SETZT KLIMMER 1968 DURCH, DASS KEINE MINDESTSTRAFEN FORMULIERT WERDEN.

GLEICHBERECHTIGUNG ENTSTEHT NICHT DURCH DIE VERABSCHIEDUNG VON GESETZEN. DER KAMPF WIRD TATSÄCHLICH IN DEN HERZEN UND KÖPFEN DER ALLGEMEINHEIT ENTSCHIEDEN, NUR DAS ZÄHLT.

BARBARA GITTINGS 1932–2007
AMERIKANISCHE AKTIVISTIN
FÜR LGBTIQ+-RECHTE

ENTKRIMINALISIERUNG DER HOMOSEXUALITÄT

Homosexualität wurde lange Zeit in vielen Ländern der Erde juristisch verfolgt. Unermüdlich und mutig geführten Kampagnen ist es zu verdanken, dass diese Gesetze nach und nach aufgehoben wurden. Diese Übersicht zeigt ausgewählte Länder und die Jahre, in denen die Gesetzgebung angepasst wurde.

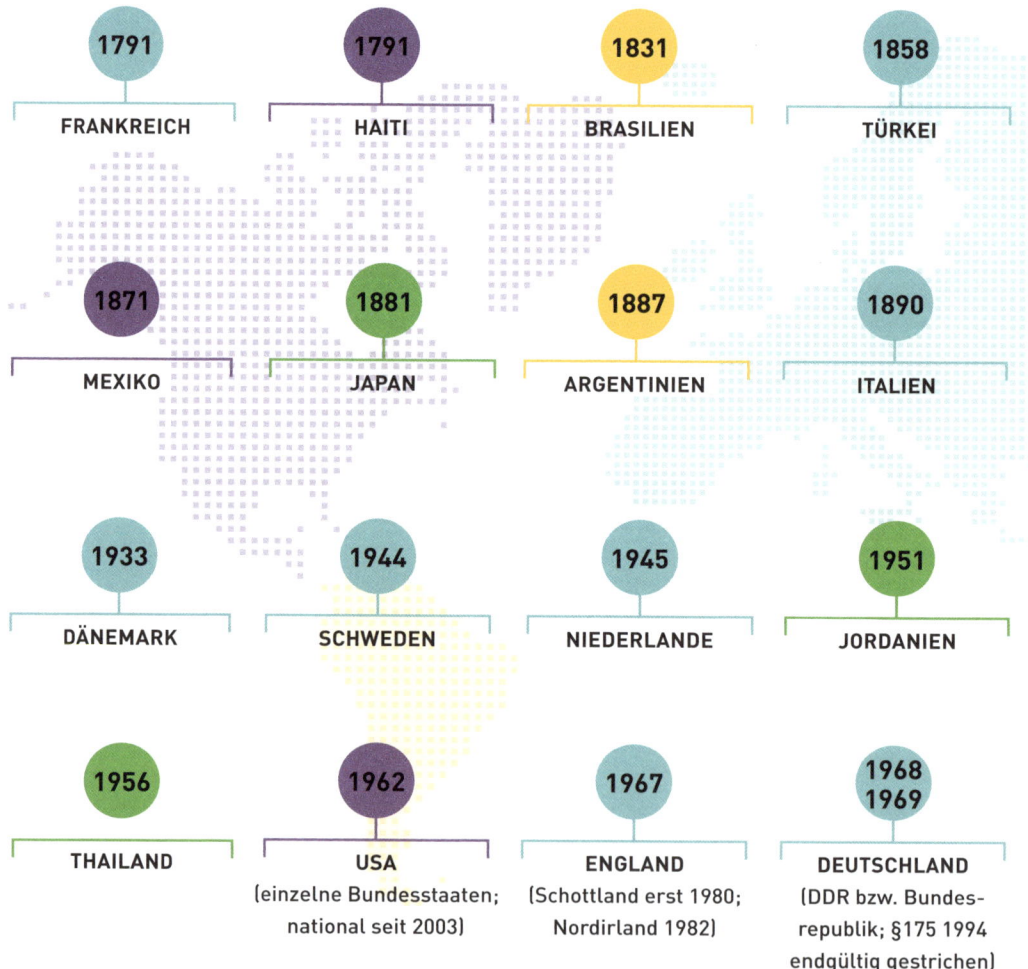

1791	1791	1831	1858
FRANKREICH	HAITI	BRASILIEN	TÜRKEI

1871	1881	1887	1890
MEXIKO	JAPAN	ARGENTINIEN	ITALIEN

1933	1944	1945	1951
DÄNEMARK	SCHWEDEN	NIEDERLANDE	JORDANIEN

1956	1962	1967	1968 / 1969
THAILAND	USA (einzelne Bundesstaaten; national seit 2003)	ENGLAND (Schottland erst 1980; Nordirland 1982)	DEUTSCHLAND (DDR bzw. Bundesrepublik; §175 1994 endgültig gestrichen)

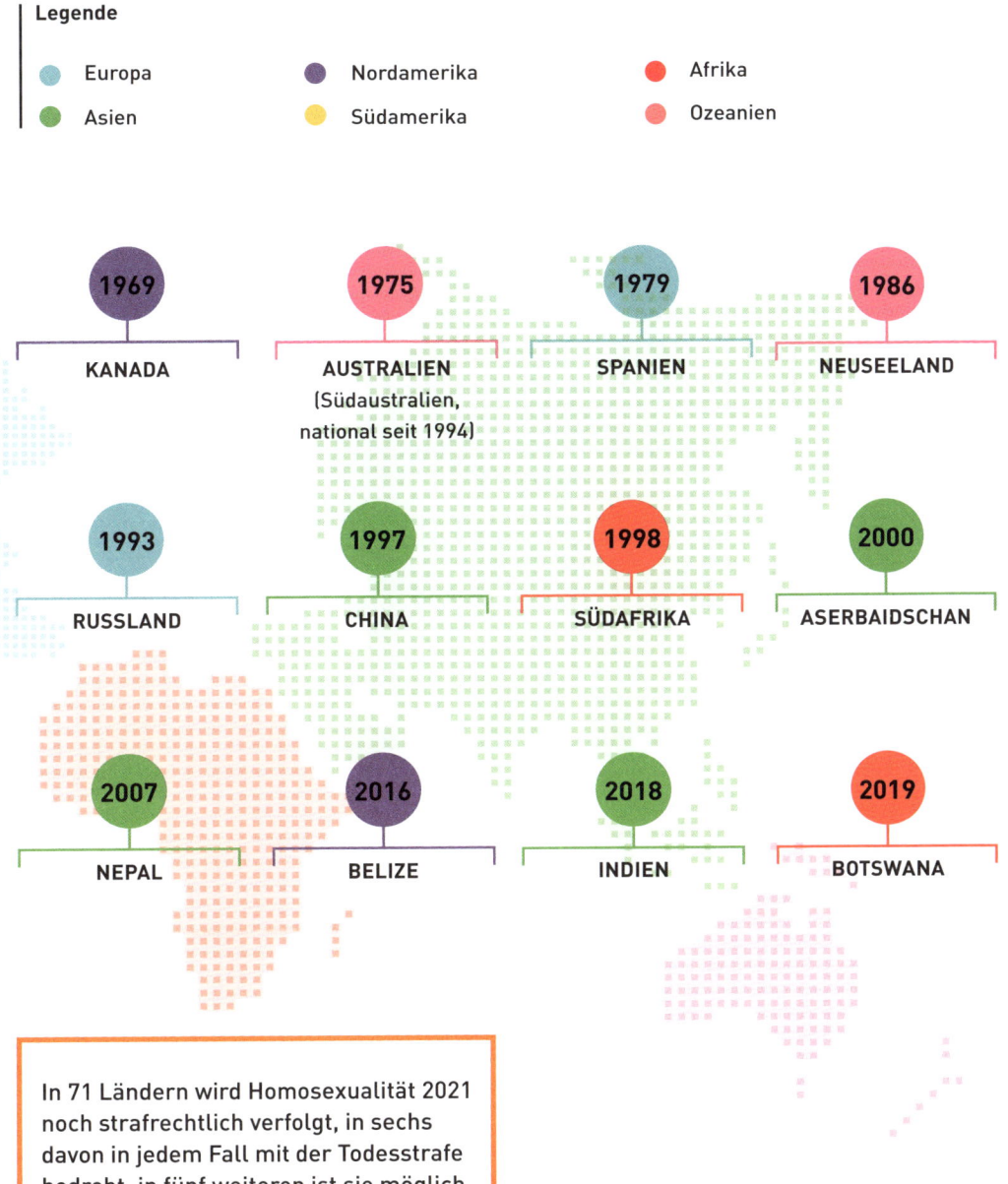

»Frauen sind mit zwei völlig getrennten Systemen gesegnet; das eine für Sexualität, das andere zur Fortpflanzung. Kein Grund, sie miteinander zu verquicken.«

Die 1926 in London geborene Jackie Forster war Schauspielerin, Rundfunksprecherin, Reporterin und wegweisende lesbische Aktivistin. Nach ihrem Coming-out an der Speaker's Corner in London 1969 schloss sich Forster der »Campaign for Homosexual Equality« (CHE) an und widmete sich für den Rest ihres Lebens dem Kampf für LGBTIQ+-Rechte. 1972 begründete sie die lesbische Gemeinschaft »Sappho« mit, die bis 1981 ein eigenes Monatsmagazin herausgab und bis Ende der 1980er-Jahre wöchentliche Treffen abhielt. Forster engagierte sich für die Mutterschaft lesbischer Frauen mithilfe künstlicher Befruchtung und verfasste gemeinsam mit Gillian Hanscombe das Buch *Rocking the Cradle* über lesbische Mütter (1981). Hanscombe beschrieb Forster als »außergewöhnliche Persönlichkeit. Zu ihren vornehmsten Anliegen gehört der Kampf gegen jede Form von Ungerechtigkeit, nicht nur für lesbische Frauen.«

Jackie Forster
ENGLAND

1926–1998

LGBTIQ+-AKTIVISMUS AUF DEM PAPIER

Zeitschriften spielten eine instrumentale Rolle in den Anfängen der Bewegung für LGBTIQ+-Rechte; sie schweißten Gemeinschaften zusammen, die mit Vorurteilen im medialen Mainstream zu kämpfen hatten.

1896 Der deutsche Schriftsteller und Anarchist **ADOLF BRAND** gibt die weltweit erste schwule Zeitschrift, *Der Eigene*, heraus, ein Magazin mit Schwerpunkt Kunst und Kultur. 1933 muss es sein Erscheinen auf Druck der Nazis endgültig einstellen. Brand unterstützt Magnus Hirschfelds »Wissenschaftlich-humanitäres Komitee« im Kampf gegen den Paragrafen 175, lehnt aber die medizinischen Theorien Hirschfelds zur Homosexualität ab.

1924 Ebenfalls in Berlin erscheint die erste lesbische Zeitschrift der Welt, *Die Freundin*. Das teils edukativ, teils politisch ausgerichtete Magazin veröffentlicht bis zu seiner 1933 von den Nazis erzwungenen Einstellung Kurzgeschichten und Novellen. Mithilfe von Artikeln über Nachtlokale und kulturelle Ereignisse sowie Kleinanzeigen soll die lesbische Community besser vernetzt werden.

1952 Im Nachkriegsjapan beginnen schwule Gruppen, ein Netzwerk zu knüpfen. Prominent ist der Adonis-Klub, der in den nächsten zehn Jahren einen Newsletter mit kulturellen Essays, erotischem Material und Kleinanzeigen herausbringt. Zu den Mitarbeitern gehört auch **YUKIO MISHIMA**. Das Mitteilungsblatt ist ein wichtiger Vorläufer von LGBTIQ+-Magazinen der 1970er-Jahre in Japan, wie *Barazoku* und *Adon*.

1953 Das erste schwule Männermagazin in den USA erscheint: *One*. Der Verlag **ONE, INC.** entstand 1952 nach Diskussionen in der »Mattachine Society«. Die Zeitschrift wird in Los Angeles öffentlich verkauft. One, Inc. gewinnt einen Prozess gegen die US-Postbehörde, die einen Vertrieb des Magazins ablehnt, weil es obszön sei. Die ONE Archives Foundation zählt inzwischen zu den ältesten LGBTIQ+-Sammlungen im Archivwesen.

1956 | Die lesbische Organisation **DAUGHTERS OF BILITIS** in San Francisco bringt die erste Ausgabe der Zeitschrift *The Ladder* heraus, die bis 1972 erscheint. Das anfänglich zwölfseitige Mitteilungsblatt findet schnell weite Verbreitung. Unter der Redaktion von Barbara Gittings wird der Ton ab 1963 deutlich politischer.

1964 | Mit **ASK** entsteht die erste Organisation für Schwulenrechte in Kanada; in Toronto erscheint das Magazin *Gay*, das erste, das dieses Wort im Titel trägt. Bald erscheint es auch als *Gay International* in den USA, allerdings nur für zwei Jahre. 1966 wird es aufgrund strafrechtlicher Ermittlungen gegen einen der Urheber eingestellt.

1967 | Der einseitige monatliche Newsletter der radikalen schwulen Bürgerrechtsorganisation **PRIDE** (Personal Rights in Defense and Education) wird in die Zeitung *The Advocate* umgewandelt. Sie ist das langlebigste LGBTIQ+-Presseorgan in den USA.

1972 | *Gay News*, die erste schwule Zeitung Großbritanniens, wird in London gegründet und erscheint später in ganz Großbritannien und den USA im Magazinformat als *Gay Times*. Im gleichen Jahr starten zwölf Frauen, darunter Jackie Forster, das einflussreiche britische lesbische Magazin *Sappho*, das sich bis 1981 halten kann.

1975 | *Campaign*, das langlebigste schwule Presseorgan in Australien, wird lanciert, während der Bundesstaat Südaustralien Homosexualität entkriminalisiert. Der Name verbindet spielerisch das Wort »camp« (tuntig) mit »campaign« (Kampagne). Inhaltlich bietet das Blatt Nachrichten, politische Manifeste, Veranstaltungshinweise, Polemiken, Anzeigen, Interviews sowie Fotos von Prominenten und Klatsch.

1979 | Das französische Magazin *Le Gai Pied* wird gegründet. Unterstützung erhält es von prominenten Intellektuellen, die als Schutzschild gegen Zensurversuche und als Autoren fungieren, darunter Michel Foucault, Serge Gainsbourg, David Hockney und Jean-Paul Sartre. Dennoch droht der Innenminister 1987 mit der Schließung; in vielen Kreisen stößt dies auf Widerstand, und der Kulturminister erklärt öffentlich seine Unterstützung für das Blatt, das 1992 dennoch eingestellt wird.

1967

USA

ZIVILBEAMTE DER POLIZEI FÜHREN AM NEUJAHRSTAG IN DER »BLACK CAT TAVERN« IN LOS ANGELES EINE RAZZIA DURCH. DARAN SCHLIESSEN SICH VON PRIDE (PERSONAL RIGHTS IN DEFENSE AND EDUCATION) ORGANISIERTE PROTESTE AN. ZUM ERSTEN MAL WIRD DAS WORT »PRIDE« MIT DER LGBTIQ+-BEWEGUNG FÜR GLEICHBERECHTIGUNG ASSOZIIERT.

1969

AUSTRALIEN

IN CANBERRA BILDET SICH DIE »ACT HOMOSEXUAL LAW REFORM SOCIETY«, EINE HUMANISTISCHE GRUPPE, DIE ALS ERSTE AUSTRALISCHE ORGANISATION FÜR SCHWULENRECHTE GILT.

1969 — USA

Die Polizei hält eine Razzia im »Stonewall Inn« im Greenwich Village ab, im Zuge eines gewaltsamen Vorgehens gegen Schwulenbars, die Alkohol ohne Lizenz ausschenken. Die Community wehrt sich, die Unruhen halten sechs Tage an und wirken wie ein Fanal auf die LGBTIQ+-Bewegung in den USA und darüber hinaus.

1971 — Frankreich

Inspiriert von weltweiten Protestbewegungen gründet sich die »Front Homosexuel d'Action Révolutionnaire«, eine der ersten radikalen lesbisch-schwulen Gruppen in Frankreich.

»Schätzchen, ich will meine schwule Gleichberechtigung – jetzt!«

Als unverblümt auftretende Visionärin, bahnbrechende Trans-, Schwulen- und Aids-Aktivistin, »Mutterfigur der Dragszene« und zentrale Figur im Stonewall-Aufstand von 1969 war Marsha P. Johnson eine der Architekt:innen der modernen LGBTIQ+-Bewegung. Angeblich warf sie den ersten Ziegelstein bei den Stonewall-Unruhen, als sich die queere Community nach einem Sommer mit erniedrigenden Polizeiübergriffen erstmals zur Wehr setzte. Danach half Johnson, die »Gay Liberation«-Protestmärsche in New York zu organisieren, aus denen sich Pride entwickelte; zusammen mit Sylvia Rivera gründete sie 1970 die »Street Transvestite Action Revolutionaries« (STAR), ein beispielgebendes Kollektiv, das obdachlosen homosexuellen Teenagern und Sexarbeiter:innen in Lower Manhattan ein Dach über dem Kopf und Mahlzeiten anbot. Befragt nach dem »P.« in ihrem Namen, erklärte sie, es stünde für »Pay It No Mind« (»Ignorier's«), eine trotzige Zurückweisung binären Genderdenkens. Sie engagierte sich für LGBTIQ+-Gleichberechtigung und schloss sich 1987 der Aids-Interessenvertretung ACT UP an. 1992 wurde ihr Leichnam aus dem Hudson River geborgen.

Marsha P. Johnson
USA

1945–1992

1969

USA

Im Gefolge der Stonewall-Unruhen formiert sich 1969 in New York die »Gay Liberation Front« (GLF). Sie richtet sich gegen gesellschaftliche Leitbilder, die sich an sozialem Geschlecht und der traditionellen Kernfamilie orientieren, und strebt die sexuelle Befreiung aller Menschen an. Als erste Organisation in den USA führt sie das Wort »gay« im Namen.

> WIR KÖNNEN NICHT LÄNGER UNSICHTBAR BLEIBEN. WIR DÜRFEN UNS NICHT DAFÜR SCHÄMEN, WAS WIR SIND. WIR MÜSSEN DER WELT ZEIGEN, DASS WIR UNZÄHLIGE SIND.

SYLVIA RIVERA (1951–2002)
AMERIKANISCHE GAY-LIBERATION- UND TRANSRECHTE-AKTIVISTIN, DIE BEI DEN STONEWALL-UNRUHEN EINE ZENTRALE ROLLE SPIELTE

DIE ANGLEICHUNG DES SCHUTZALTERS

Aktuell haben 180 Länder das Schutzalter für LGBTIQ+-Individuen mit dem Schutzalter für heterosexuelle Beziehungen harmonisiert. In manchen Ländern bleiben die Gesetze unbestimmt und unterscheiden nicht zwischen hetero- und homosexuellen Akten.

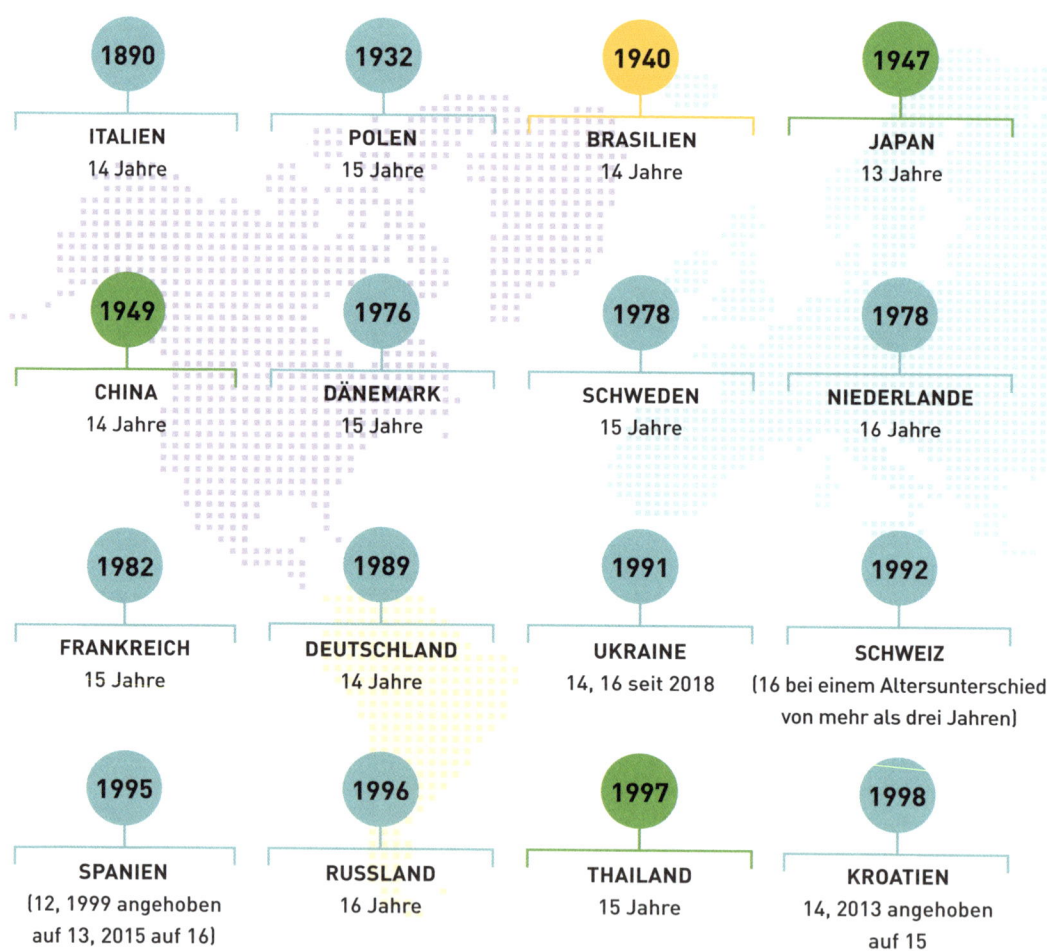

1890 ITALIEN — 14 Jahre

1932 POLEN — 15 Jahre

1940 BRASILIEN — 14 Jahre

1947 JAPAN — 13 Jahre

1949 CHINA — 14 Jahre

1976 DÄNEMARK — 15 Jahre

1978 SCHWEDEN — 15 Jahre

1978 NIEDERLANDE — 16 Jahre

1982 FRANKREICH — 15 Jahre

1989 DEUTSCHLAND — 14 Jahre

1991 UKRAINE — 14, 16 seit 2018

1992 SCHWEIZ — (16 bei einem Altersunterschied von mehr als drei Jahren)

1995 SPANIEN — (12, 1999 angehoben auf 13, 2015 auf 16)

1996 RUSSLAND — 16 Jahre

1997 THAILAND — 15 Jahre

1998 KROATIEN — 14, 2013 angehoben auf 15

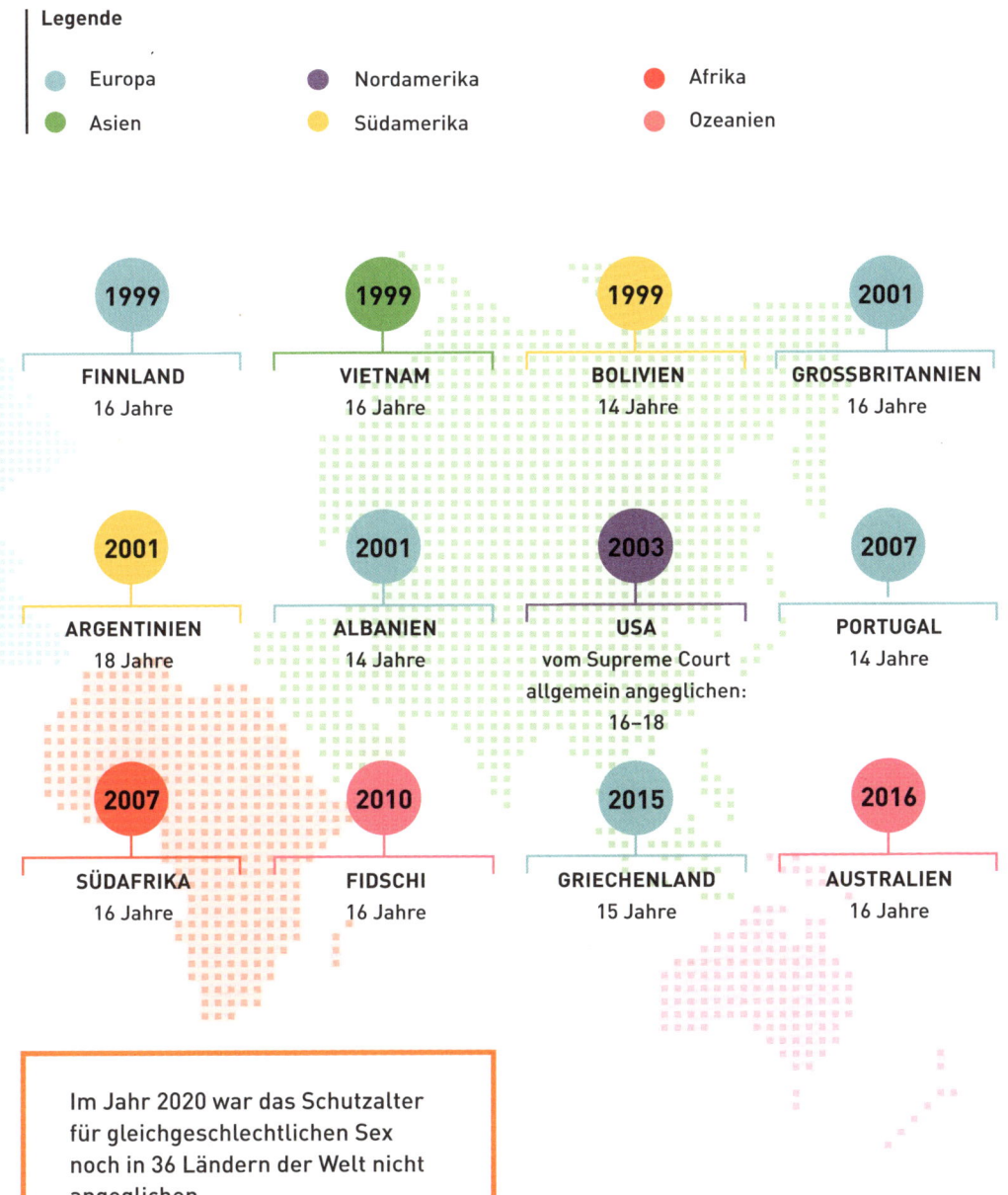

LGBTIQ+ IN DER KUNST

Viele LGBTIQ+-Künstler:innen loteten in ihrer Arbeit die Beziehungen zwischen Gender, Sexualität und Identität aus. Indem sie traditionelle gesellschaftliche Leitbilder hinterfragten, porträtierten sie ihre Umwelt und halfen zugleich, sie neu zu formen.

1930 Die Deutsche **HANNAH HÖCH** gehört während der Weimarer Republik der Dada-Bewegung an, ist eine Pionierin der Fotomontage und verwendet Abbildungen aus Zeitungen und Zeitschriften, um Genderrollenbilder in der Gesellschaft infrage zu stellen und die Befreiung der Frau zu propagieren. Ihr Werk *Marlene* von 1930 ist eine ihrer umstrittensten Fotomontagen, weil das Subjekt sexuell unbestimmt bleibt. Höchs Arbeiten wurden von den Nazis zur »entarteten Kunst« erklärt.

1945 Seit der Ausstellung von *Three Studies for Figures at the Base of a Crucifixion* 1945 zählt **FRANCIS BACON** zu den führenden britischen Künstlern. Er bekennt sich offen zu seiner Homosexualität, lange bevor 1967 die strafrechtliche Verfolgung dafür endet. Zeit seines Lebens wirken öffentlich ausgelebte Affären inspirierend auf seine künstlerische Arbeit.

1967 **DAVID HOCKNEY** ist einer der bekanntesten und einflussreichsten britischen Künstler des 20. Jahrhunderts. Während seines Aufstiegs in den 1960er-Jahren malt er ehrliche Darstellungen männlicher Liebesbeziehungen wie *Man in Shower in Beverly Hills*, *Domestic Scene* und *Peter Getting out of Nick's Pool*, mit dem er 1967 den prestigeträchtigen John Moores Painting Prize gewinnt.

1982 **KEITH HARING**s *Untitled* (1982), das die Umrisse zweier männlicher Figuren unter einem großen roten Herz zeigt, wird als Darstellung gleichgeschlechtlicher Liebe interpretiert und ist ein vollendetes Beispiel für Harings pulsierende, energiegeladene, am Graffitistil angelehnte Kunst, die sich mit äußerst politischen Themen auseinandersetzt und eine ganze Generation symbolisch greifbar macht. 1988 wird bei Haring Aids diagnostiziert. Die ihm verbleibenden Lebensjahre widmet er verstärkt dem Aktivismus und der öffentlichen Wahrnehmung der Krankheit.

1988 Der in einem Vorort von Melbourne geborene Australier **LEIGH BOWERY** verbringt einen Großteil seines Erwachsenenlebens in London. Sein extravagantes Auftreten und seine tabulose Performancekunst lassen ihn ab 1988 zu einer ikonischen Persönlichkeit der Avantgardeszene werden. Von 1990 bis zu seinem Tod an einer von Aids ausgelösten Krankheit 1994 agiert Bowery als Modell und Muse für Lucian Freud, der ihn bei einer Performance in der Anthony d'Offay Gallery kennengelernt hat. Bowerys furchtlose Kreativität inspiriert eine ganze Künstlergeneration von Boy George und Alexander McQueen über Vivienne Westwood bis hin zu Lady Gaga.

2002 **ZANELE MUHOLI** aus Südafrika erlangt in den Nullerjahren künstlerische Prominenz mit intimen und kraftvollen Porträts von schwarzen LGBTIQ+-Individuen. Die erste Einzelausstellung findet 2002 in Johannesburg statt. Muholi sieht sich als *Visual Activist* und Kunst als Mittel zum gesellschaftlichen Empowerment und für mehr Sichtbarkeit. 2002 gründet Muholi das »Forum for the Empowerment of Women« mit, eine Organisation, die lesbischen schwarzen Frauen geschützte Räume für Treffen und Veranstaltungen zur Verfügung stellt. 2009 folgt die Gründung von »Inkanyiso«, eine Non-Profit-Organisation für queeren »Visual Activism«.

2014 Der chinesische Fotograf und Poet **REN HANG** erreicht 2014 mit seiner ersten Einzelausstellung in Kopenhagen ein globales Publikum. Sein Werk ist bedeutsam für die Darstellung von Sexualität in einer stark von Zensur betroffenen Gesellschaft. Hang wird mehrmals wegen des erotischen Subtexts in seinen Aktfotografien, die offen LGBTIQ+-Liebesbeziehungen zeigen, verhaftet. Hang nimmt sich mit 29 Jahren das Leben, aber seine Kunst stößt in einer konservativen Gesellschaft ein Fenster zur sexuellen Freiheit auf.

2018 **KEHINDE WILEY** nutzt die Bildsprache der klassischen europäischen Porträtkunst und ersetzt die abgebildeten Personen durch schwarze Männer. Mithilfe dieses Mediums, das historisch Ruhm und Prestige signalisiert, versucht Wiley, bestehende Stereotype in der amerikanischen Gesellschaft infrage zu stellen. 2018 wählt Barack Obama mit Wiley den ersten afroamerikanischen – und bekennenden schwulen – Künstler als Maler für sein offizielles Präsidentenporträt.

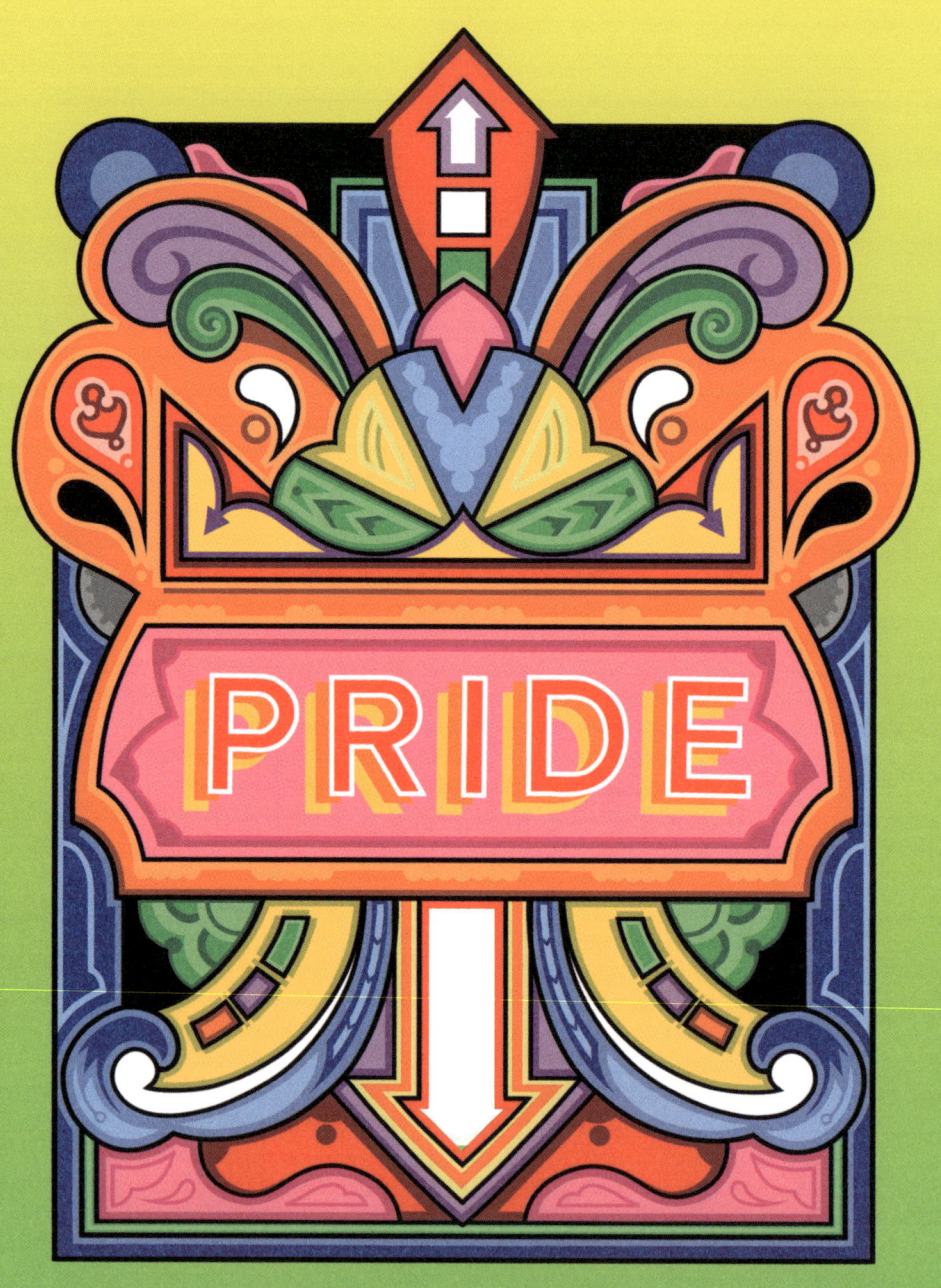

2 LGBTIQ+-Selbstbefreiung
1970er- bis 1990er-Jahre

LGBTIQ+-Gemeinschaften gewinnen Zulauf und Anerkennung rund um den Globus:
- erste Pride-Märsche
- LGBTIQ+-Gesetzgebung
- Aids-Aktivismus
- politische Ämter

1972

Der US-Fernsehfilm *That Certain Summer* zeigt erstmals auf mitfühlende Weise ein schwules Liebespaar.

1977

In der Primetime-Fernsehserie *Soap* spielt Billy Crystal einen schwulen Mann.

1978

»Y.M.C.A.« von Village People avanciert sofort zur Schwulenhymne.

1982

In der Serie *Denver Clan* bekennt sich Steven, der Sohn des Familienoberhaupts, zu seiner Homosexualität.

PRIDE

Die letzten drei Jahrzehnte des 20. Jahrhunderts markierten Höhe- und Tiefpunkte für die LGBTIQ+-Community. Während bei Gleichberechtigung und Freiheiten Fortschritte erzielt wurden, drohte Aids viele Errungenschaften wieder zunichtezumachen.

Die »Gay Liberation Front« in Großbritannien und den USA arbeitete während dieser Zeit eng mit feministischen und Bürgerrechtsgruppen zusammen. In New York gründeten die Stonewall-Veteraninnen Sylvia Rivera und Marsha P. Johnson 1970 »Street Transvestite Action Revolutionaries«, das erste Obdachlosenheim für Trans-Jugendliche in Nordamerika. 1972 erlaubte Schweden als erstes Land, dass Trans-Menschen ihr biologisches Geschlecht amtlich ändern konnten; Chile folgte 1974. Bis 1980 hatten 22 US-Bundesstaaten alle Beschränkungen bezüglich einvernehmlichem Sex zwischen Erwachsenen aufgehoben.

Die 1980er-Jahre standen im Zeichen der verheerenden Aids-Pandemie, die viele LGBTIQ+-Menschen betraf und ein Schlaglicht auf die anhaltende Homophobie warf. In Europa dämonisierten Medien die Opfer der »Schwulenseuche«, während die Reagan-Administration in den USA die Krise offiziell ignorierte. Angesichts dieser Gleichgültigkeit entstanden aktivistische Gruppen, die sich für die beschleunigte Entwicklung von Medikamenten und Hilfen für HIV-/Aids-Infizierte starkmachten. Die »AIDS Coalition to Unleash Power« (ACT UP) wurde 1987 in den USA gegründet. Unter der Losung »Schweigen = Tod« drängte

1993

Philadelphia beschäftigt sich als erster Hollywoodfilm mit Homophobie und Aids.

1994

Ein Ikea-Werbespot zeigt erstmals ein alltägliches schwules Paar im Fernsehen.

1997

Ellen DeGeneres hat ihr Coming-out auf dem Umschlag des *Time Magazine*.

2000

Hilary Swank gewinnt einen Oscar für ihre Darstellung des Trans-Manns Brandon Teena in *Boys Don't Cry*.

sie bei der Food and Drug Administration auf schnellere Genehmigungsverfahren. Im gleichen Jahr nahmen geschätzt 750 000 Menschen am Zweiten Nationalen Marsch auf Washington für die Rechte lesbischer und schwuler Menschen teil, um gegen die Regierungspolitik in der Aids-Krise und mangelnde Fortschritte in der Gleichberechtigung zu protestieren. Das Datum des 11. Oktober wird seit 1988 als »National Coming Out Day« begangen.

In den 1990er-Jahren setzten LGBTIQ+-Aktivist:innen ihren Kampf um elementare Menschenrechte fort, konzentrierten sich auf die Beseitigung der Diskriminierung und drängten auf gesetzlichen Schutz und Gleichbehandlung. Die Fortschritte in der Gesetzgebung verliefen jedoch nicht geradlinig; neue Aktionsgruppen machten auf fortwirkende Homophobie und Transphobie aufmerksam, die häufig in Gewalt umschlug. Eine dieser Gruppen, »Queer Nation«, wurde 1990 in New York City gegründet. Diese Basisbewegung war für ihre Streitlust bekannt und reklamierte das Wort »queer« für sich. Im gleichen Jahr formierte Peter Tatchell »OutRage!« Diese Gruppe forderte »Schutz, nicht Verfolgung« und protestierte gegen die wachsende Zahl von schwulen und bisexuellen Männern, die wegen einvernehmlicher Akte eingesperrt wurden, obwohl es keine Opfer gab.

Diese Organisationen lenkten die Aufmerksamkeit auf anhaltende Probleme. Regierungen verabschiedeten Gesetze über das Asylrecht für LGBTIQ+-Menschen, wie Kanada und die USA 1994. 1999 verbot Brasilien als erstes Land Konversionstherapien – Behandlungen, die Homosexualität »heilen« sollten.

DIE 1970ER- BIS 1990ER-JAHRE IM KONTEXT

Während queere Kultur und Lebensart im Mainstream sichtbarer wurden und langsam auf mehr Akzeptanz stießen, vor allem in der westlichen Welt, war der Kampf um Gleichberechtigung noch längst nicht gewonnen und erforderte viel Durchhaltevermögen.

1973

GLAMROCK
Im Großbritannien der frühen 1970er-Jahre treten Musikkünstler in maßlos übertriebenen Kostümen, mit Make-up und verrückten Frisuren auf. Dieser extravagante Stil ist häufig androgyn und stellt herkömmliche Genderrollen auf den Kopf. Zu den wichtigsten Vertretern gehören David Bowie und Elton John, aber der Einfluss des Genres reicht weit über sie hinaus.

1975

DER FALL VON SAIGON
Im April 1975 wird Saigon, die Hauptstadt Südvietnams, von der nordvietnamesischen Volksarmee und den Guerillakämpfern des Vietcong eingenommen. Diese »Befreiung« stellt den Endpunkt eines Jahrzehnte dauernden Konflikts zwischen Nord- und Südvietnam dar und leitet die Wiedervereinigung der beiden Länder unter kommunistischen Vorzeichen ein.

1979

MARGARET THATCHER
Margaret Thatcher wird 1979 die erste Premierministerin von Großbritannien. Während des folgenden Jahrzehnts gilt sie als mächtigste Frau der Welt; ihrer kompromisslosen Politik verdankt sie den den Ruf der »Eisernen Lady«. Sie setzt auf eine enge politische Zusammenarbeit mit US-Präsident Ronald Reagan, gestützt auf die gemeinsamen konservativen Werte und ihr Vertrauen auf das freie Spiel der Kräfte in der Wirtschaft.

1981

HIV/AIDS
Die ersten fünf Aids-Fälle werden 1981 aus den USA gemeldet. Das Krankheitsbild, das mit einem geschwächten Immunsystem in Zusammenhang steht, erhält 1982 die Bezeichnung Aids (»Acquired Immune Deficiency Syndrome«). Seither hat Aids 35 Millionen Menschen weltweit getötet. Die LGBTIQ+-Community wird von Aids schwer getroffen; die irrige Gleichsetzung der Krankheit mit Homosexualität führt zu sozialer Ausgrenzung. Heute kann das HIV-Virus, das Aids auslöst, behandelt werden und Menschen mit HIV können lang und gesund leben.

1989
MASSAKER AUF DEM PLATZ DES HIMMLISCHEN FRIEDENS
Am 4. Juni 1989 verhängt die chinesische Regierung das Kriegsrecht. Schusswaffen und Panzer werden gegen Demonstranten eingesetzt, mit Tausenden Toten als Folge. Vorangegangen waren mehrere Wochen anhaltende Studentendemonstrationen auf dem Platz des Himmlischen Friedens in Peking, die sich gegen das Einparteiensystem und für Demokratie, freie Meinungsäußerung und Pressefreiheit aussprachen.

1989
DAS ENDE DES KALTEN KRIEGES
Die kommunistische Herrschaft in Zentral- und Osteuropa bricht durch friedliche Revolutionen zusammen, die Berliner Mauer – Symbol der politischen Teilung – fällt. Die Auflösung der Sowjetunion 1991 beendet den Kalten Krieg. Die LGBTIQ+-Communitys können freier auftreten als zuvor. 1993 entkriminalisiert Russland auf Druck des Europarats Homosexualität, ebenso wie andere Nachfolgestaaten der UdSSR: Ukraine 1991, Estland und Lettland 1992, Litauen 1993, Belarus 1994 und Moldawien 1995.

AB 1990
DIGITALE TECHNOLOGIE
Das World Wide Web, das Kernstück des Informationszeitalters, wird 1991 für das Publikum zugänglich. Das Wachstum des Internets trägt auch zu einer Welle der beispiellosen Globalisierung bei, weil es die Kommunikation rund um den Erdball enorm beschleunigt. Mithilfe der aufkommenden Social Media gelingt es LGBTIQ+-Menschen, Online-Communitys mit anderen aus weit verstreuten Weltteilen aufzubauen und sich von der Isolation zu befreien, die zuvor ein wesentlicher Teil der LGBTIQ+-Erfahrung war.

1994
DAS ENDE DER APARTHEID
1990 leitet die südafrikanische Regierung unter Frederik Willem de Klerk das Ende der Rassentrennung ein und entlässt Nelson Mandela nach 27 Jahren aus dem Gefängnis, wo er wegen seines Kampfs gegen die Apartheid einsaß. Die erste freie Wahl folgt 1994: Nelson Mandela wird der erste nicht-weiße Präsident Südafrikas. In seiner Antrittsrede erklärt er, dass Südafrika allen Bürger:innen gleichen Schutz gewähren will, ungeachtet ihrer »Hautfarbe, Geschlecht, Religion, politischen Einstellung oder sexuellen Orientierung«.

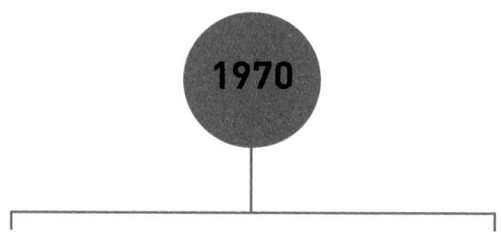

1970

USA

AM 28. JUNI VERSAMMELN SICH MENSCHEN AM »STONEWALL INN«, UM AN DEN JAHRESTAG DES AUFSTANDS ZU ERINNERN. DARAUS ENTSTEHT DER »CHRISTOPHER STREET LIBERATION DAY«, DER MIT EINEM MARSCH IN NEW YORK UND EINER PARADE IN LOS ANGELES BEGANGEN WIRD. DIESE FEIERLICHKEITEN DIENEN ALS VORBILD FÜR WEITERE PRIDE-MÄRSCHE WELTWEIT.

„

WIR MÜSSEN DIE VORSTELLUNG AUSROTTEN, DASS HOMOSEXUALITÄT BÖSE, KRANK ODER UNMORALISCH IST, UND STOLZ DARAUF WERDEN, SCHWUL ZU SEIN.

AUS DEM MANIFEST DER »GAY LIBERATION FRONT«, 1971 "

»Wir sind Befreiungskämpfer und Sozialrevolutionäre, unser Ziel ist, die Welt auf den Kopf zu stellen.«

Der gebürtige Australier Peter Tatchell engagierte sich bereits in den frühen 1970er-Jahren an führender Position in der Londoner »Gay Liberation Front«. Er organisierte Sitzstreiks und Protestaktionen gegen die institutionalisierte Homophobie in Großbritannien. Seither setzte er den Kampf für Gleichberechtigung im weltweiten Maßstab fort und nahm an zahllosen Protestkampagnen für mehr LGBTIQ+-Rechte teil. Während der Aids-Pandemie veröffentlichte er den ersten Selbsthilfe-Leitfaden für HIV-Positive und forderte die Menschenrechte für Infizierte ein. Im Jahr 2010 wurde an Tatchells Londoner Wohnhaus eine blaue Denkmalschutzplakette angebracht, um seinen vier Jahrzehnte andauernden Einsatz für die Menschenrechte zu würdigen. Tatchell unterstützt noch immer aktiv Menschenrechts- und Freiheitsbewegungen weltweit, wie er es schon sein ganzes Leben getan hat.

Peter Tatchell
GROSSBRITANNIEN/AUSTRALIEN

1952–

QUEER-THEORIE

Queer-Theorie baut auf dem Gedanken auf, dass Gender (soziales Geschlecht) ein gesellschaftliches Konstrukt ist und alle sexuellen Akte und Identitäten umfasst, die nicht heteronormativ (binär) sind. Die feministische Filmtheoretikerin Teresa de Lauretis gebrauchte den Begriff 1990 anlässlich der Konferenz »Queer Theory: Gay and Lesbian Sexualities« der University of California, um jene Begriffe neu zu definieren, mit denen wir Sexualität beschreiben.

1976

Der französische Philosoph und Ideengeschichtler **MICHEL FOUCAULT** veröffentlicht den ersten Band von *Sexualität und Wahrheit* in Frankreich. Aus konstruktivistischer Sicht weist er überzeugend darauf hin, dass es vor den 1870er-Jahren keine Kategorie »Homosexualität« gab, die entsprechende Handlungen bestimmten Menschen zuwies. Zwar wurden diese Handlungen vom Kirchen- und Zivilrecht verurteilt, aber sie wurden nicht mit einem Etikett versehen oder kategorisiert. Diese Handlungen waren nicht Ausdruck einer bestimmten »Identität«.

1990

Die amerikanische Philosophin und Gendertheoretikerin **JUDITH BUTLER** hinterfragt traditionelle Vorstellungen vom sozialen Geschlecht und entwickelt die Schlüsseltheorie der Performativität. Zu ihren Hauptwerken gehören *Das Unbehagen der Geschlechter* (1990), *Körper von Gewicht* (1993) und *Die Macht der Geschlechternormen und die Grenzen des Menschlichen* (2004). Die Hauptthese von Butlers Arbeit ist, dass alle von uns verwendeten Kategorien im Grunde gesellschaftliche Konstrukte sind: Gender ist nicht so sehr Ausdruck einer »Essenz« als vielmehr performativ zu verstehen.

1990

Die amerikanische Wissenschaftlerin **EVE KOSOFSKY SEDGWICK** schöpft hauptsächlich aus der Literatur als Quelle für queer-theoretische Ansätze. Zu ihren herausragenden Werken gehören *Between Men – English Literature and Male Homosocial Desire* (1985) und *Epistemologie des Verstecks* (1990), in dem sie die Dualität zwischen Homosexuellen und Heterosexuellen erörtert, um zu unterstreichen, dass Homosexualität kein Thema einer Minderheit, sondern ein bestimmendes Thema für alle ist.

1998

Der amerikanische Autor, Professor und Philosoph **JACK HALBERSTAM**, auch bekannt als **JUDITH HALBERSTAM**, legt *Female Masculinity* vor. Im »Badezimmerproblem« tritt Binarität am klarsten und schärfsten zutage, weil kein Platz für Menschen bleibt, die in keine der Kategorien passen. Hauptargument von *The Queer Art of Failure* (2011) ist, dass ein Scheitern an heteronormativen Standards neue Räume für Freiheit und Kreativität erschließt.

1999

Mit *Disidentifications: Queers of Color and the Performance of Politics* macht der kubanisch-amerikanische Akademiker **JOSÉ ESTEBAN MUÑOZ** auf Fragen der Rasse und Ethnizität innerhalb der Queer-Studies aufmerksam. Diese Perspektive wurde bis dahin weitgehend vernachlässigt. Muñoz geht über Sexualität hinaus und führt die Blickwinkel Rasse und Identität ein. Er konzentriert sich darauf, wie queere People of Color in der Kunst Stereotype aufgreifen und sie zugleich unterlaufen und modifizieren. In einem weiteren wegweisenden Werk, *Cruising Utopia: the Then and There of Queer Futurity* (2009) legt er eine optimistische Grundlage für die Zukunft queerer Communitys, beruhend auf dem Potenzial queerer Performancekunst als Wegweiser zu utopischer Zukünftigkeit.

2000

Die amerikanische Professorin **ROSEMARY HENNESSY** veröffentlicht *Profit and Pleasure*. Ihr Ansatz bezüglich Sexualität ist materialistisch, ihre Queer-Theorie lässt sich nicht von den Strukturen des Spätkapitalismus trennen. Aus ihrer Sicht sind seit jeher mit Sexualität verbundene Identitäten wie soziales Geschlecht, Nationalität und Rasse tatsächlich ein Produkt des Kapitalismus. Hennessy erklärt, dass die kapitalistische Gesellschaft trotz der bedeutend erweiterten Ausdrucksmöglichkeiten für queere Menschen noch immer auf der traditionellen binären Arbeitsteilung beruht.

2004

Der amerikanische Literaturkritiker **LEE EDELMAN** geht in *No Future: Queer Theory and the Death Drive* dem Zustand einer Gesellschaft nach, die von einem »reproduktiven Futurismus« geprägt ist, in der das Kind die ultimative politische, Gegenwart und Zukunft verbindende Referenz ist, und in der jegliche Theorie auf eine bessere Zukunft abzielt. Er führt die Figur des Sinthomosexuellen ein, der aufgrund seiner Fortpflanzungsunfähigkeit an der Zukunft der Menschheit desinteressiert ist, den futuristischen Appell an das Kind ablehnt und den Todestrieb verkörpert.

WELTWEITE PRIDE-EVENTS

Die erste Pride-Veranstaltung wurde von der »Gay Liberation Front« abgehalten, um an die Stonewall-Unruhen zu erinnern. Heute wird die Pride in zahlreichen Ländern mit einer jährlichen Parade weltweit begangen, um die LGBTIQ+-Kultur, ihre Errungenschaften und gesetzlichen Rechte zu feiern. Diese Weltkarte zeigt eine Auswahl von Festen und ihre Premiere.

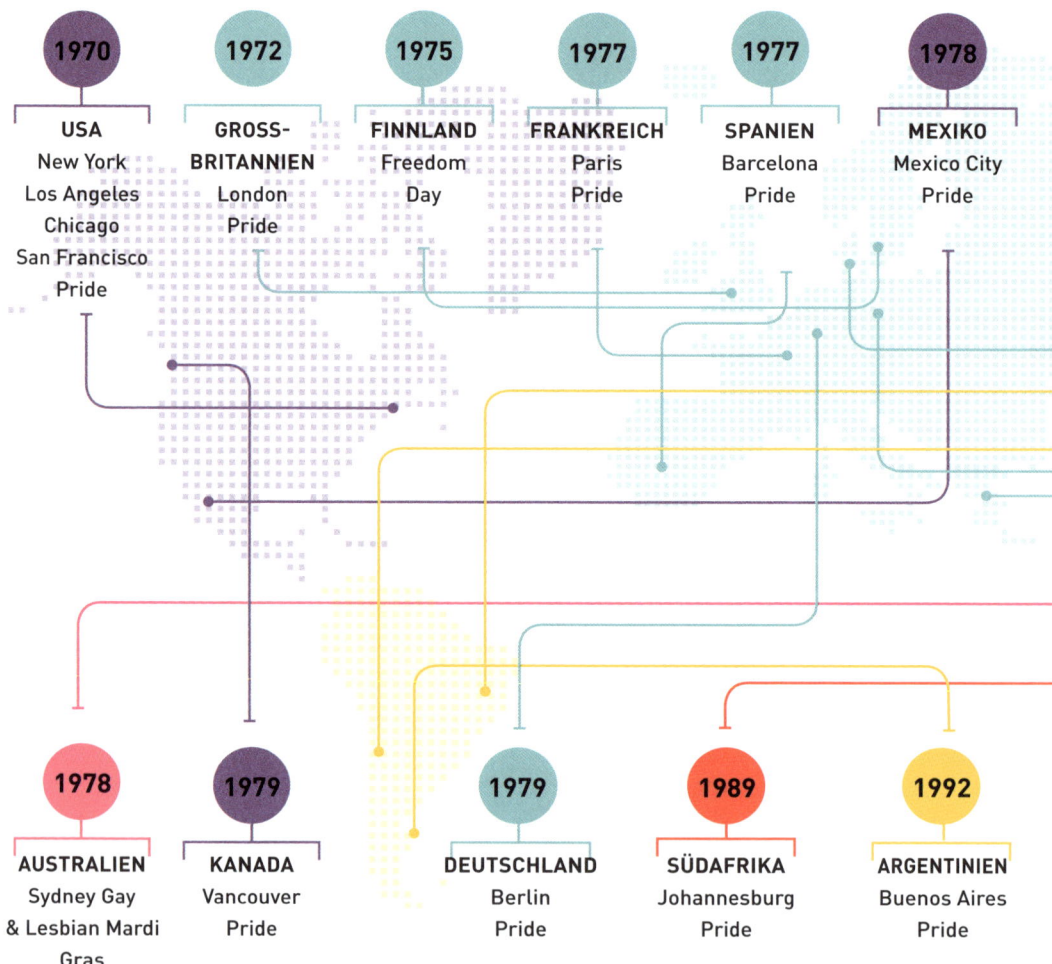

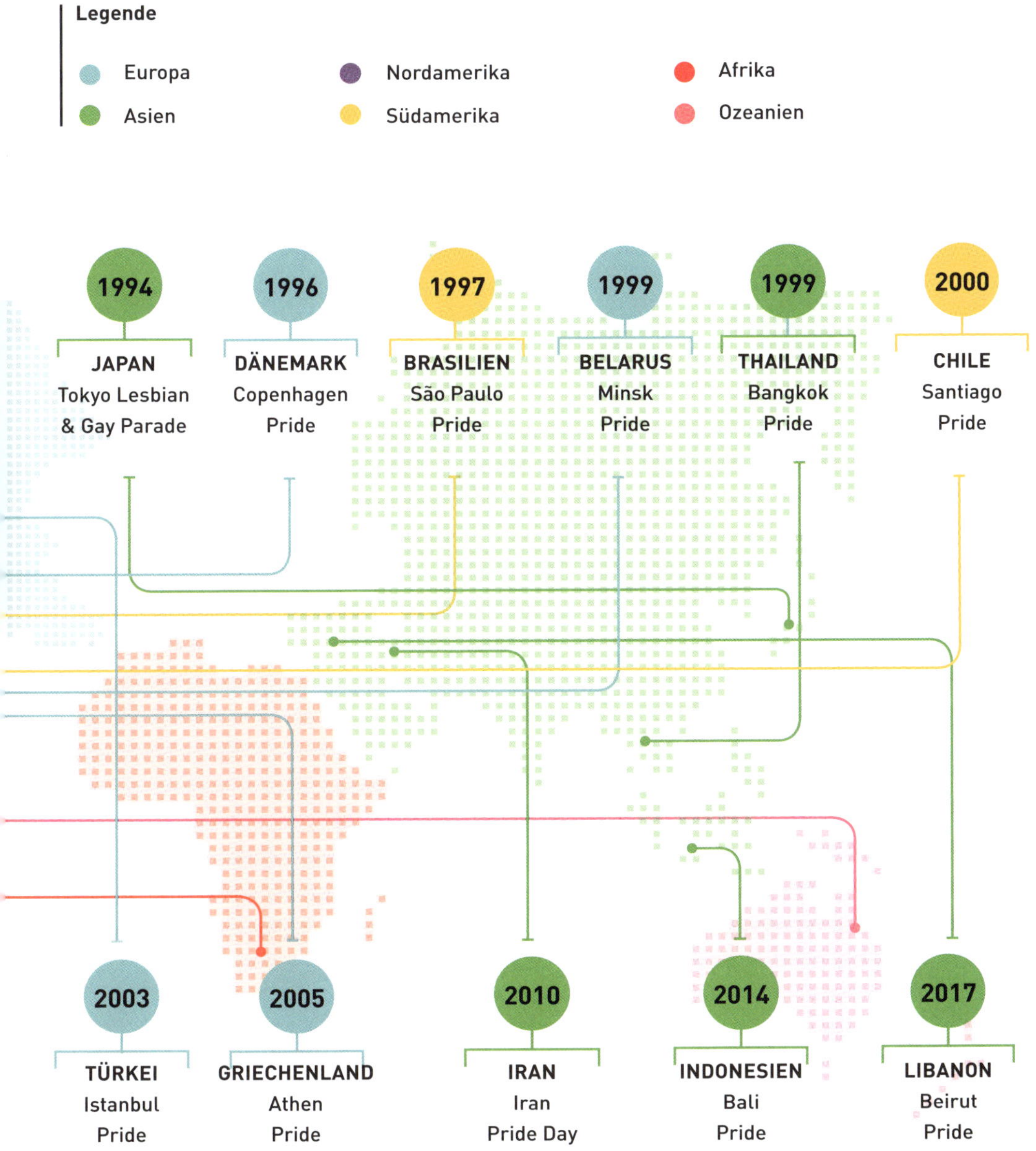

Legende
Europa
Nordamerika
Afrika
Asien
Südamerika
Ozeanien
1994
JAPAN
Tokyo Lesbian & Gay Parade
1996
DÄNEMARK
Copenhagen Pride
1997
BRASILIEN
São Paulo Pride
1999
BELARUS
Minsk Pride
1999
THAILAND
Bangkok Pride
2000
CHILE
Santiago Pride
2003
TÜRKEI
Istanbul Pride
2005
GRIECHENLAND
Athen Pride
2010
IRAN
Iran Pride Day
2014
INDONESIEN
Bali Pride
2017
LIBANON
Beirut Pride

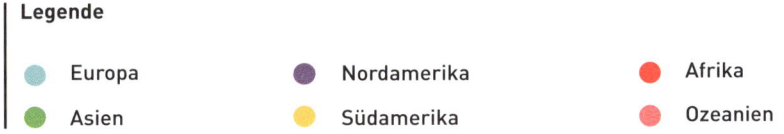

»Bi, Poly, Switch – ich bin nicht gierig, ich weiß, was ich will.«

Die in der New Yorker Bronx geborene Brenda Howard trat von den Stonewall-Unruhen bis zu ihrem Tod für die Gleichberechtigung von LGBTIQ+-Menschen und die Berücksichtigung der Bisexuellen in der Bewegung ein. Sie war die Hauptorganisatorin der ersten »Pride Week« im Juni 1970 und der »Christopher Street Liberation Day«-Parade, die sich als wegweisende Veranstaltungsformen erwiesen. Sie legte das Fundament für weitere Paraden rund um die Welt und wurde als »Mutter Pride« bekannt. Als militante Aktivistin für alle Minderheiten engagierte sich Howard für medizinische Versorgung, Gleichberechtigung von Frauen und People of Color sowie HIV/Aids-Opfern. Sie wurde unzählige Male wegen Teilnahme an Protesten verhaftet. 1988 gründete sie das »New York Area Bisexual Network« und setzte die Inklusion von bisexuellen Menschen beim »Zweiten Marsch auf Washington« 1993 durch.

Brenda Howard
USA

1946–2005

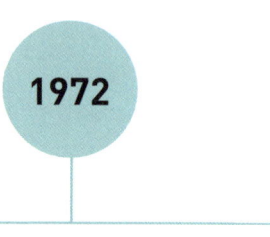

1972

ITALIEN

DIE ERSTE ÖFFENTLICHE DEMONSTRATION FÜR DIE RECHTE VON LGBTIQ+-MENSCHEN IN ITALIEN WIRD VON »FUORI« ORGANISIERT, DER 1971 GEGRÜNDETEN VEREINIGUNG FÜR SCHWULENRECHTE. DAMIT WIRD GEGEN EINE KATHOLISCH GEFÄRBTE TAGUNG ÜBER »SEXUELLE DEVIANZ« PROTESTIERT.

1972

SCHWEDEN

SCHWEDEN STREICHT TRANSVESTISMUS AUS DER LISTE DER KRANKHEITEN UND GIBT ALS ERSTES LAND TRANSGENDER-PERSONEN DAS RECHT, LEGAL IHR BIOLOGISCHES GESCHLECHT ÄNDERN ZU LASSEN.

1973

AUSTRALIEN UND NEUSEELAND

DER RAT DES *ROYAL AUSTRALIAN AND NEW ZEALAND COLLEGE OF PSYCHIATRISTS* ERKLÄRT ALS ERSTE MEDIZINISCHE INSTITUTION WELTWEIT, DASS HOMOSEXUALITÄT KEINE KRANKHEIT DARSTELLT.

1975

USA

21 JAHRE NACH DER AUFNAHME ALS PSYCHISCHE ERKRANKUNG STREICHT DIE *AMERICAN PSYCHIATRIC ASSOCIATION* HOMOSEXUALITÄT AUS IHREM *DIAGNOSTIC AND STATISTICAL MANUAL OF MENTAL DISORDERS*.

LGBTIQ+ IN DER POLITIK

Die wachsende Zahl von LGBTIQ+-Menschen, die in politische Ämter gewählt werden, belegt, dass die Gläserne Decke der Politik langsam Risse bekommt. Die Weltkarte zeigt herausragende Volksvertreter:innen.

1974
USA
Kathy Kozachenko
Erste bekennende LGBTIQ+-Politikerin in einem Stadtrat

1976
NIEDERLANDE
Coos Huijsen
Erster bekennender schwuler Parlamentsabgeordneter

1976
GROSSBRITANNIEN
Maureen Colquhoun
Erste bekennende lesbische Parlamentsabgeordnete

1979
ITALIEN
Angelo Pezzana
Erster bekennender schwuler Parlamentsabgeordneter

1985
KANADA, QUEBEC
Maurice Richard
Erster bekennender schwuler Abgeordneter der Nationalversammlung von Quebec

1985
DEUTSCHLAND
Herbert Ludwig Rusche
Erster bekennender schwuler Parlamentsabgeordneter

1987
FINNLAND
Pekka Haavisto
Erster bekennender schwuler Parlamentsabgeordneter

1989
SRI LANKA
Mangala Samaraweera
Erster bekennender schwuler Parlamentsabgeordneter

1991
SCHWEDEN
Kent Carlsson
Erster bekennender schwuler Parlamentsabgeordneter

1992
BRASILIEN
Kátia Tapety
Erste Transgender-Person in der Kommunalpolitik

1995
SÜDAFRIKA
Edwin Cameron
Erster bekennender schwuler Oberrichter

1995
NEUSEELAND
Georgina Beyer
Erste Transgender-Person in einem Bürgermeisteramt (1999 auch im Parlament)

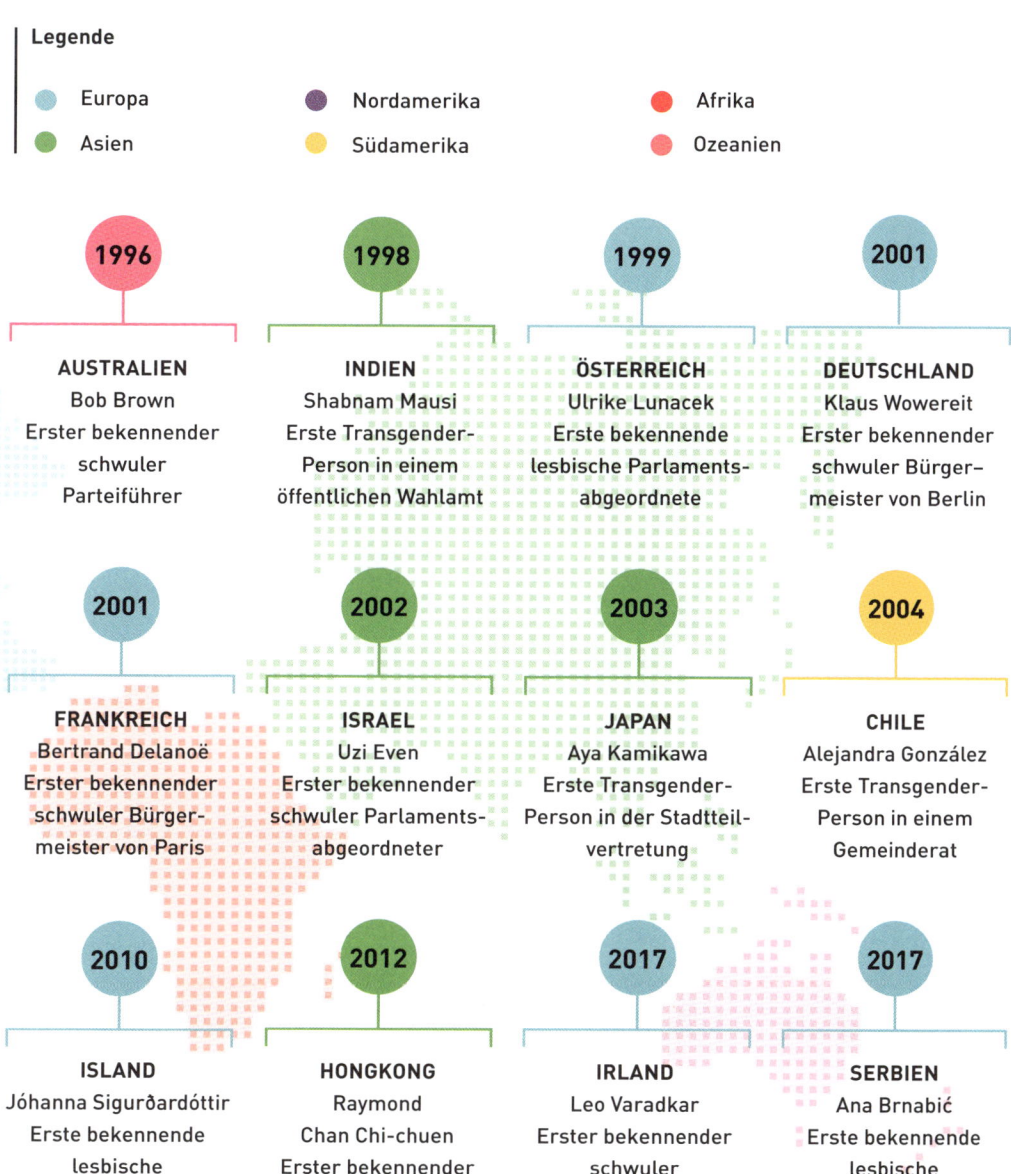

»Wenn eine Kugel in mein Gehirn eindringt, lass diese Kugel jede Toilettentür zerstören.«

Harvey Milk war ein amerikanischer Schwulenrechteaktivist und Communityanführer, der 1977 als erster bekennender Schwuler in Kalifornien in ein politisches Amt gewählt wurde. Während seiner Zeit als Stadtverordneter lag ihm der Schutz ausgegrenzter Bevölkerungsgruppen am Herzen; er setzte sich für ein wichtiges Gesetz gegen Diskriminierung aufgrund sexueller Orientierung ein. Gemeinsam mit Bürgermeister George Moscone fiel er am 27. November 1978, nach nur elf Monaten im Amt, einem Mordanschlag zum Opfer. Für viele Mitglieder der LGBTIQ+-Community verkörperte Harvey Milk einen Hoffnungsschimmer angesichts verbreiteter Diskriminierung. Er erhielt 2009 posthum die Presidential Medal of Freedom und wird noch immer als Held der LGBTIQ+-Bewegung verehrt, der nach Freiheit und Gleichberechtigung strebte.

Harvey Milk
USA

1930–1978

1987

GROSSBRITANNIEN

PRINZESSIN DIANA ERÖFFNET DIE ERSTE KLINIKABTEILUNG ZUR BEHANDLUNG VON AIDS-KRANKEN IM LONDONER MIDDLESEX HOSPITAL. DIE FOTOS DAVON, WIE SIE EINEM AIDS-KRANKEN DIE HAND SCHÜTTELT, GEHEN UM DIE WELT. ZU DIESER ZEIT GLAUBEN NOCH VIELE, DASS HIV DURCH BLOSSE BERÜHRUNG ÜBERTRAGEN WIRD.

ES IST NICHT GEFÄHRLICH, MENSCHEN MIT HIV ZU KENNEN, MAN KANN IHNEN DIE HAND GEBEN UND SIE UMARMEN. SIE HABEN ES WEISS GOTT NÖTIG.

DIANA, PRINZESSIN VON WALES (1961–1997)

1982

GROSSBRITANNIEN

DER TOD VON TERRY HIGGINS, EINEM DER ERSTEN AIDS-OPFER IN GROSSBRITANNIEN, FÜHRT ZUR GRÜNDUNG DES »TERRENCE HIGGINS TRUST«, DER ERSTEN WOHLTÄTIGKEITS-ORGANISATION FÜR MENSCHEN, DIE AN DER IMMUNSCHWÄCHE-KRANKHEIT LEIDEN.

1983

BUNDESREPUBLIK DEUTSCHLAND

EIN BÜNDNIS AUS VERTRETER:INNEN MEDIZINISCHER BERUFE UND VON SCHWULEN GRÜNDET DIE »DEUTSCHE AIDSHILFE E.V.«, DIE SICH AB 1985 ALS SCHLAGKRÄFTIGER UNABHÄNGIGER DACHVERBAND FÜR HIV-PRÄVENTION UND BEGLEITENDE MASSNAHMEN ETABLIERT.

1987

USA

LARRY KRAMER GRÜNDET »ACT UP« (THE AIDS COALITION TO UNLEASH POWER) IN NEW YORK CITY. DIE GRUPPE PRANGERT DIE SCHLEPPENDE PRÜFUNG UND FREIGABE VON NEUEN MEDIKAMENTEN AN UND SETZT NEUE RECHTLICHE VORGABEN DURCH. DIE BEWEGUNG UMFASST SCHLIESSLICH 148 ORTSVERBÄNDE IN 19 LÄNDERN.

1994

INDIEN

ANJALI GOPALAN GRÜNDET DIE »NAZ FOUNDATION« IN NEU-DELHI. SIE FÜHRT GERICHTSVERFAHREN GEGEN DISKRIMINIERUNG AUFGRUND VON SEXUELLER ORIENTIERUNG UND BIETET ALS EINE DER ERSTEN ORGANISATIONEN IN INDIEN PFLEGE UND UNTERSTÜTZUNG FÜR VON HIV/AIDS BETROFFENE AN.

AIDS-AKTIVISMUS

»Der Traum, der einzige Traum, den alle ACT-UP-Mitglieder im Herzen tragen, ist ganz einfach: Eines Tages wird Aids ausgelöscht sein.«

Der französische Autor, Journalist und LGBTIQ+-Aktivist Didier Lestrade gehört zu den prominentesten Kämpfern gegen Aids. Er arbeitete für die Publikation *Gaie Presse* und deren Nachfolgerin *Le Gai Pied* und gründete das herausragende französische Magazin für lesbische und schwule Leser:innen *Têtu*. 1989 war er Mitgründer des französischen Zweigs von ACT UP, als dessen Vorsitzender er drei Jahre amtierte. 1992 unterstützte Lestrade die Errichtung von TRT-5, einer Koalition der wichtigsten französischen Aids-Stiftungen, mit dem Ziel, die Rechte jener Menschen zu verteidigen, die an Aids leiden. Lestrade hat drei Bücher veröffentlicht, darunter eine Geschichte von ACT UP-Paris und einen Essay über Aids.

Didier Lestrade
FRANKREICH

1958–

1990

INTERNATIONAL

DIE »INTERNATIONAL GAY AND LESBIAN HUMAN RIGHTS COMMISSION« (IGLHRC) WIRD IN NEW YORK GEGRÜNDET. SIE IST DIE ERSTE NGO, DIE SICH FÜR DIE VERBESSERUNG DER RECHTSLAGE VON LGBTIQ+-MENSCHEN WELTWEIT EINSETZT. SIE IST JETZT ALS »OUTRIGHT ACTION INTERNATIONAL« AKTIV.

1994

KANADA

DAS LAND GEWÄHRT JENEN LGBTIQ+-MENSCHEN DEN FLÜCHTLINGSSTATUS, DENEN IN IHREN HEIMATLÄNDERN GEFAHR FÜR LEIB UND LEBEN DROHT. IM GLEICHEN JAHR WIRD DIE FURCHT VOR VERFOLGUNG AUFGRUND DER SEXUELLEN ORIENTIERUNG IN DEN USA ALS ASYLGRUND ANERKANNT.

1996

GROSSBRITANNIEN

DER EUROPÄISCHE GERICHTSHOF URTEILT, DASS EINE PERSON WEGEN EINER GESCHLECHTSANGLEICHENDEN OPERATION ZU UNRECHT ENTLASSEN WURDE. ZUM ERSTEN MAL IN DER GESCHICHTE VERHINDERT RECHTSPRECHUNG EINE DISKRIMINIERUNG VON TRANS-PERSONEN IM ARBEITSVERHÄLTNIS ODER IN DER BERUFSAUSBILDUNG.

1998

ECUADOR

ALS ERSTES LAND AUF DEM AMERIKANISCHEN KONTINENT (UND ALS DRITTES LAND ÜBERHAUPT) SCHÜTZT ECUADOR DIE SEXUELLE ORIENTIERUNG IN SEINER VERFASSUNG. DISKRIMINIERUNG IST ÜBERALL VERBOTEN, IM BERUF EBENSO WIE BEI WARENLIEFERUNGEN UND DIENSTLEISTUNGEN.

»Euer Schweigen wird euch nicht schützen.«

Die amerikanische Autorin, Feministin und Bürgerrechtsaktivistin Audre Lorde wurde als Tochter karibischer Einwanderer in New York City geboren. Zu ihrer Identität als lesbische Frau und Poetin fand sie während ihres Studiums in Mexiko. Nach ihrer Rückkehr nach New York spielte sie eine wichtige Rolle in der queeren Kulturszene im Greenwich Village. Lorde arbeitete viele Jahre als Bibliothekarin, ehe sie ins Bildungswesen wechselte. Ihre Erfahrungen als afroamerikanische lesbische Frau in der von weißen Männern dominierten akademischen Welt beeinflussten ihr Leben, ihre Arbeit und ihr soziales Engagement in den 1970er- und 1980er-Jahren. Lorde lieferte wichtige Beiträge zur feministischen Theorie und zu Rassismusstudien. Ihre Lyrik ist ein selbstbestimmter und freier Ausdruck ihrer Identität als – nach eigener Aussage – »Schwarze, Lesbierin, Mutter, Kriegerin, Dichterin«.

Audre Lorde
USA
1934–1992

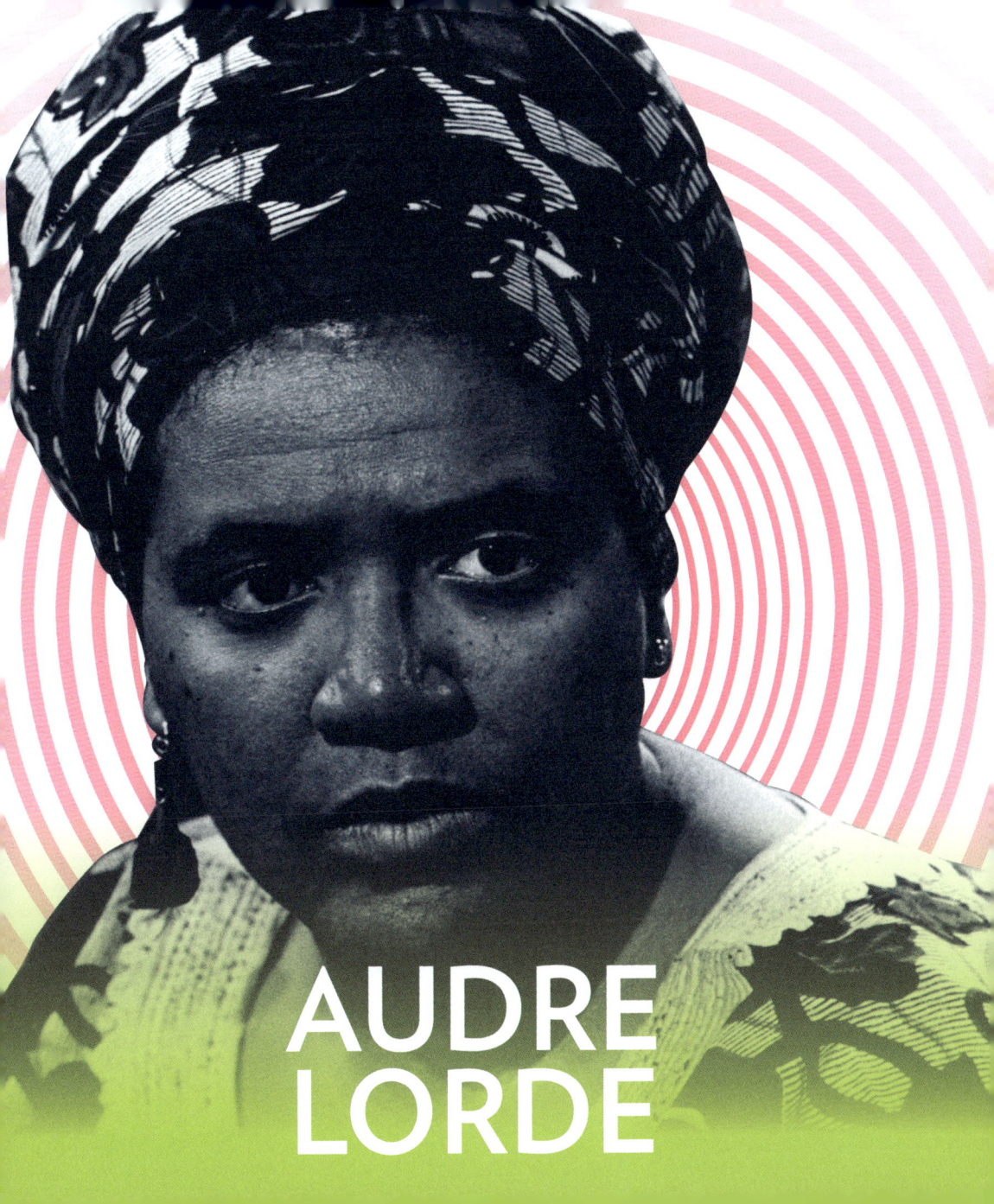

LGBTIQ+ IN DER LITERATUR

LGBTIQ+-Geschichten geben tiefe Einsichten in die Erfahrungswelt von lesbischen, schwulen, bisexuellen und Transgender-Menschen. Sie geben der LGBTIQ+-Community einen eigenen literarischen Fundus und helfen Menschen ohne LGBTIQ+-Hintergrund dabei, ihre Mitmenschen besser zu verstehen.

1949 Der japanische Autor **YUKIO MISHIMA** veröffentlicht *Bekenntnisse einer Maske*. Darin lernt ein junger Mann, vor dem Hintergrund der starren Gesellschaftsverhältnisse Japans mit seiner eigenen sexuellen Identität umzugehen. Seine wahren Gefühle für einen Schulkameraden muss er jedoch wie hinter einer Maske verstecken.

1956 Der amerikanische Beat-Poet **ALLEN GINSBERG** publiziert sein radikales Gedicht »Howl«, das queere Identität revolutioniert. Der ungestüme, rauschhafte Ton verleiht den lange unterdrückten LGBTIQ+-Communitys in den 1950er-Jahren eine Stimme. Das Werk wirkt auch heute noch frisch, schockierend und unterhaltsam.

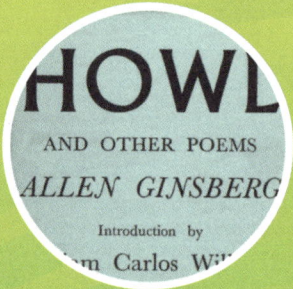

1956 **JAMES BALDWIN**, ein afroamerikanischer Romancier, Dramatiker und Aktivist, legt das nach heutiger Auffassung beste Werk seiner Laufbahn vor – *Giovannis Zimmer*. Darin begegnet der amerikanische Protagonist David, der allein in Paris lebt, dem italienischen Barkeeper Giovanni. An diese Begegnung schließt sich eine tiefgründige Erkundung von Homosexualität, Bisexualität und männlicher Selbstfindung an.

1982 Die afroamerikanische Autorin **ALICE WALKER** veröffentlicht *Die Farbe Lila*, ein Roman, der Rasse, Gender und Sexualität in einer Familie im Georgia der 1930er-Jahre thematisiert. Das Buch löst zwar eine Kontroverse aus und ist Zensurversuchen ausgesetzt, wird aber von der Kritik gelobt. Walker erhält als erste Afroamerikanerin den Pulitzer-Preis in der Kategorie Belletristik.

1985 Der erste Roman der englischen Autorin **JEANETTE WINTERSON**, *Orangen sind nicht die einzige Frucht*, ist teilweise autobiografisch: Jeanette wird von einer englischen Familie adoptiert, die der Pfingstbewegung angehört, und wird zur Missionarin erzogen. Sie erkennt, dass sie sich zu einer anderen Frau hingezogen fühlt und dass sie sich von ihrer vertrauten Umgebung und ihrer Kirche lösen muss.

2010 Mit der Kurzgeschichtensammlung *Mundo Cruel* debütiert der puerto-ricanische Autor **LUIS NEGRÓN**. Sie folgt den Lebensläufen einer queeren Community im Stadtteil Santurce von San Juan auf Puerto Rico. Auf Spanisch erlebt das Buch sechs Auflagen, die englische Ausgabe gewinnt 2014 den Lambda Literary Award for Gay Fiction.

2012 Der offen schwule marokkanische Autor und Filmemacher **ABDELLAH TAÏA** veröffentlicht *Infidèles*, einen teilweise autobiografischen Roman, der ihm weltweite Anerkennung einträgt. In kraftvoller Sprache erzählt das Buch die kurze Lebensgeschichte von Jallal, dem Sohn einer Prostituierten, der sich den Dschihadisten anschließt.

2015 Die nigerianisch-amerikanische Autorin **CHINELO OKPARANTA** bringt ihren Debütroman heraus, *Unter den Udala Bäumen*, der die leidenschaftliche Beziehung zwischen zwei jungen Mädchen beschreibt, die die Flucht vor dem nigerianischen Bürgerkrieg zusammengeführt hat.

3 Gleichberechtigung im 21. Jahrhundert

2000 bis heute

LGBTIQ+-Rechte werden ein Teil der Mainstream-Agenda:
- Gleichgeschlechtliche Ehen
- Transgenderrechte
- Familienrecht und Adoption
- Förmliche Anerkennung des begangenen Unrechts an der LGBTIQ+-Community

2000

In der Serie *Dawson's Creek* wird der erste schwule Kuss zur Hauptsendezeit in den USA gezeigt.

2000

Buffy – Im Bann der Dämonen zeigt die erste echte lesbische Beziehung im Fernsehen.

2005

Premiere von *Brokeback Mountain*. Der Film gewinnt drei Oscars.

2009

In der Sitcom *Modern Family* gibt es ein schwules Paar, das ein Mädchen adoptiert hat.

»WE'RE HERE, WE'RE QUEER«

Die Bewegung für LGBTIQ+-Gleichberechtigung nahm in den Nullerjahren deutlich an Fahrt auf; sie profitierte von gewachsener öffentlicher Wahrnehmung und Medienaufmerksamkeit. Für Millionen LGBTIQ+-Paare weltweit wurden gleichgeschlechtliche Ehen Realität, und die Rechte von Trans-Personen waren nun auch ein politisches Thema.

Die Niederlande gingen als Pionier voran und ließen 2001 gleichgeschlechtliche Ehen zu. 2020 waren gleichgeschlechtliche eingetragene Partnerschaften in 30 Ländern, hauptsächlich in Europa und auf dem amerikanischen Kontinent, möglich. Ein Urteil des Europäischen Gerichtshofs sicherte 2018 gleichgeschlechtlichen Paaren von EU-Bürgern die gleichen Niederlassungsrechte wie heterosexuellen Paaren im Rahmen der Arbeitnehmerfreizügigkeit.

2012 erzielten Aktivisten für Transrechte in Argentinien mit dem »Ley de identidad de género« einen Durchbruch. Das Gesetz gibt Individuen das Recht, ohne vorangegangene Therapie oder Operation offizielle Dokumente entsprechend ihrer Geschlechtsidentität ausstellen zu lassen. Ein weiterer Erfolg kam 2018, als die Weltgesundheitsorganisation (WHO) den pathologisch definierten Begriff der Transsexualität aus der Liste psychischer Krankheiten strich.

2012
Der Sänger Frank Ocean hat sein Coming-out.

2013
Laverne Cox bekommt eine Starrolle in *Orange Is the New Black*.

2017
Das Drama *Moonlight* erhält als erster Film mit LGBTIQ+-Thematik einen Oscar als bester Film.

2018
Asia Kate Dillon erscheint in der Serie *Billions* als erste nicht-binäre Figur zur Hauptsendezeit im Fernsehen.

Trotz alledem gab es auch empfindliche Rückschläge, die auf hartnäckig fortbestehende Vorurteile und Feindseligkeit zurückzuführen sind. Siege von Trans-Personen in athletischen Disziplinen zogen Kritik aus dem breiten Publikum und von anderen Athlet:innen auf sich. Als die kanadische Trans-Radsportlerin Rachel McKinnon Rekorde brach und 2018 im Sprint der Masters-Klasse Weltmeisterin im Bahnradsport wurde, bekam sie mehr als 100 000 Hassbotschaften in den sozialen Medien. Dennoch gewinnt die Bewegung für Transrechte an Bedeutung; weil sich das Weltgeschehen immer mehr online abspielt, wird die Community sichtbarer als früher, der Austausch untereinander und die Selbstinformation mithilfe von Online-Aktivismus funktioniert sehr viel einfacher.

Auch beim Militär verzeichnete der Kampf um Gleichberechtigung nach dem Millennium bedeutende Fortschritte. Am Ende der 2010er-Jahre lassen mehr als fünfzig Länder offen lesbische und schwule Menschen zum Militärdienst zu, 20 Jahre vorher waren es nur eine Handvoll. Die Inklusion von Trans-Menschen verläuft allerdings wesentlich zäher; unter US-Präsident Donald Trump wurden Transgender-Personen 2017 vom Dienst ausgeschlossen. Demgegenüber wächst die Zahl derjenigen Länder, die Transgender-Personen in diesem Bereich zulassen, und viele ergreifen Maßnahmen, um die Diskriminierung von LGBTIQ+-Menschen in ihren Streitkräften zu verhindern.

| DIE ZEIT NACH DEM MILLENNIUM IM KONTEXT

Das Internet machte es für Bürgerrechtsbewegungen, darunter die zur Durchsetzung von LGBTIQ+-Rechten, erstmals möglich, in globalem Maßstab tätig zu werden. Kommunikationsplattformen führten Menschen aus aller Welt zusammen und befähigten zu einem nie dagewesenen Zugang zu Online-Bildungsmöglichkeiten.

2001 – DER 11. SEPTEMBER UND DER »KRIEG GEGEN DEN TERROR«
Nach den Angriffen der islamistischen Terrorgruppe al-Qaida auf das World Trade Center und das Pentagon beginnt die US-Regierung einen »Krieg gegen den Terror«, einen internationalen Feldzug gegen radikale terroristische Netzwerke. Die Kriegführung und die Art ihrer Bezeichnung ziehen viel Kritik auf sich; Präsident Barack Obama erklärte die Kampagne 2013 formell für beendet.

2007/08 – FINANZ- UND WIRTSCHAFTSKRISE
Nach der Krise von 2007/08 erleben große Teile der Welt eine Periode anhaltenden wirtschaftlichen Niedergangs. Der Internationale Währungsfonds bezeichnet die große Rezession als schlimmsten wirtschaftlichen Zusammenbruch seit den 1930er-Jahren. In den betroffenen Ländern löst die Krise vielfach politische Unruhen aus.

2009 – BARACK OBAMA
Die Wahl Barack Obamas zum ersten afroamerikanischen Präsidenten der USA 2009 gilt als Gradmesser für die Fortschritte, die die Bürgerrechtsbewegung seit den 1960er-Jahren erzielen konnte. Während des Wahlkampfs verspricht Obama, weiten Bevölkerungskreisen eine Krankenversicherung anzubieten und das militärische Engagement im Irak und in Afghanistan zu beenden. Im gleichen Jahr erhält er den Friedensnobelpreis. Während Obamas Amtszeit gelingen der US-Regierung deutliche Fortschritte bei der LGBTIQ+-Gleichberechtigung.

AB 2010 – ARABISCHER FRÜHLING
Ab 2010 finden in Nordafrika und im Mittleren Osten Proteste und Revolten statt; damit reagiert die Bevölkerung auf unterdrückerische Regime und den niedrigen Lebensstandard. In der Region leiden LGBTIQ+-Menschen stark unter diskriminierenden Gesetzen und Verfolgung. Viele Aktivist:innen knüpfen an die Proteste Hoffnungen auf eine neue Ära der Gleichberechtigung. Mit Ausnahme von Tunesien mündet der Arabische Frühling jedoch in eine Periode der politischen Instabilität, der Gegenrevolution und der Bürgerkriege, den »Arabischen Winter«.

2013 — PAPST FRANZISKUS

Noch nie gab es einen Papst vom amerikanischen Doppelkontinent, seit mehr als 1000 Jahren kam das Oberhaupt der katholischen Kirche immer aus Europa. Für seine Aussage, dass die Kirche alle Menschen willkommen heißen soll, ungeachtet ihrer Sexualität, wählt das queere Magazin *The Advocate* Papst Franziskus zum Mann des Jahres. Im Jahr 2016 spricht sich der Pontifex für die Seelsorge von Transgender-Menschen aus, aber seine Ansichten zur Geschlechtsidentität rufen Kritik hervor. Es bleibt noch viel zu tun, aber der Papst hat einen Wandel in einer Institution angestoßen, die Homosexualität lange Zeit nur als Sünde betrachtet hat.

2016 — DIE WELLE DES RECHTEN POPULISMUS

In Europa und den USA gewinnt der rechte Rand des politischen Spektrums an Bedeutung. Nach der großen Rezession Ende der Nullerjahre machen sich rechte Politiker:innen in ganz Europa fremdenfeindliche Stimmungen aufgrund der Flüchtlingskrise zunutze. Die Abstimmung über den Brexit und die Wahl von Donald Trump ins Präsidentenamt 2016 passen in den allgemeinen politischen Trend gegen Globalisierung und Zuwanderung. Die rechtsgerichteten Präsidenten Jair Bolsonaro aus Brasilien und Rodrigo Duterte von den Philippinen werden international wegen ihrer LGBTIQ+-feindlichen Aussagen kritisiert.

2017 — DIE #METOO-BEWEGUNG

Tarana Burkes Hashtag #MeToo wird von der amerikanischen Schauspielerin Alyssa Milano aufgegriffen; sie ermutigt Frauen weltweit, ihre Erfahrungen mit sexueller Nötigung und Gewalt zu teilen. Die Kampagne gewinnt rasch an Schwung, sie wird auf Facebook in den ersten 24 Stunden 4,7 Millionen Mal geteilt und verbreitet sich in 85 Ländern mit Hashtags wie #YoTambien in Spanien, #BalanceTonPorc in Frankreich und #quellavoltache in Italien.

2018 — KLIMANOTSTAND

Der Klimawandel wird in den 2010er-Jahren international zum Thema, nachdem die Auswirkungen der vom Menschen verursachten globalen Erwärmung deutlich werden. Steigende Temperaturen und zunehmende Naturkatastrophen mobilisieren Regierungen, Völker und Wissenschaftler. Die Schulstreiks und Ansprachen der schwedischen Schülerin Greta Thunberg machen sie zur Symbolfigur einer globalen Bewegung.

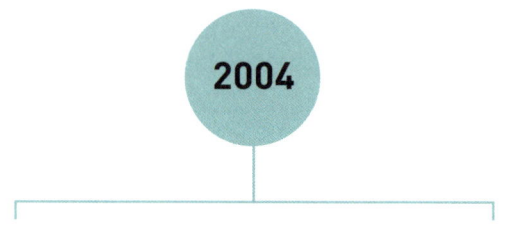

FRANKREICH

DER BÜRGERMEISTER VON BÈGLES TRAUT GEGEN DIE ANORDNUNG DER GENERALSTAATSANWALTSCHAFT VON BORDEAUX EIN HOMOSEXUELLES PAAR. ER UND DAS PAAR WERDEN ANGEKLAGT, DIE EHE WIRD ANNULLIERT. DER SYMBOLISCHE AKT ERZEUGT LANDESWEIT AUFMERKSAMKEIT FÜR DAS THEMA GLEICHGESCHLECHTLICHE EHEN.

DIE VERWEIGERUNG GLEICHGESCHLECHTLICHER EHEN SENDET EINE BOTSCHAFT DES VORURTEILS AUS. UNSERE JUGEND VERDIENT EINE FAIRE UND HOFFNUNGSVOLLE ZUKUNFT MIT EINER REGIERUNG, DIE UNS ALLE MIT GLEICHER WERTSCHÄTZUNG BEHANDELT.

LADY GAGA (1986–)
AMERIKANISCHE SÄNGERIN,
SCHAUSPIELERIN UND LGBTIQ+-
UNTERSTÜTZERIN

»Liebe ist so einfach und spirituell. Sie ist nicht an sozialen Status, Alter oder gar sexuelle Identität gebunden.«

Die Soziologin Li Yinhe hat während ihrer Zeit an der Chinesischen Akademie der Sozialwissenschaften mit ihren wissenschaftlichen Arbeiten viel zur wachsenden öffentlichen Akzeptanz von LGBTIQ+-Gruppen in der Volksrepublik China beigetragen. Im Jahr 1992 verfasste sie als Mitautorin die erste große Studie zu den chinesischen LGBTIQ+-Subkulturen mit dem Titel *Ihre Welt: eine Studie zur Homosexualität in China*. Ihren Einfluss nutzte sie, um dem Nationalen Volkskongress Anträge unter anderem zur Legalisierung gleichgeschlechtlicher Ehen zu übermitteln. Sie wurde Direktorin des Forschungsbüros für Familie und Sexualität. Auch nach ihrer Pensionierung 2012 lieferte sie auf ihrem Blog Beiträge zur öffentlichen Debatte über sexuelle Minderheiten. 2014 gab sie bekannt, nach dem Tod ihres Ehemanns 1997 eine dauerhafte Beziehung mit einem Trans-Mann eingegangen zu sein.

Li Yinhe
CHINA

1952–

GLEICHGESCHLECHTLICHE EHEN

Stand 2020 sind gleichgeschlechtliche Ehen in 30 Ländern zugelassen. Weitere 13 Länder, vor allem in Europa, erlauben eingetragene Lebenspartnerschaften für gleichgeschlechtliche Paare, aber keine Ehe. Drei Länder erkennen gleichgeschlechtliche Ehen aus anderen Ländern an.

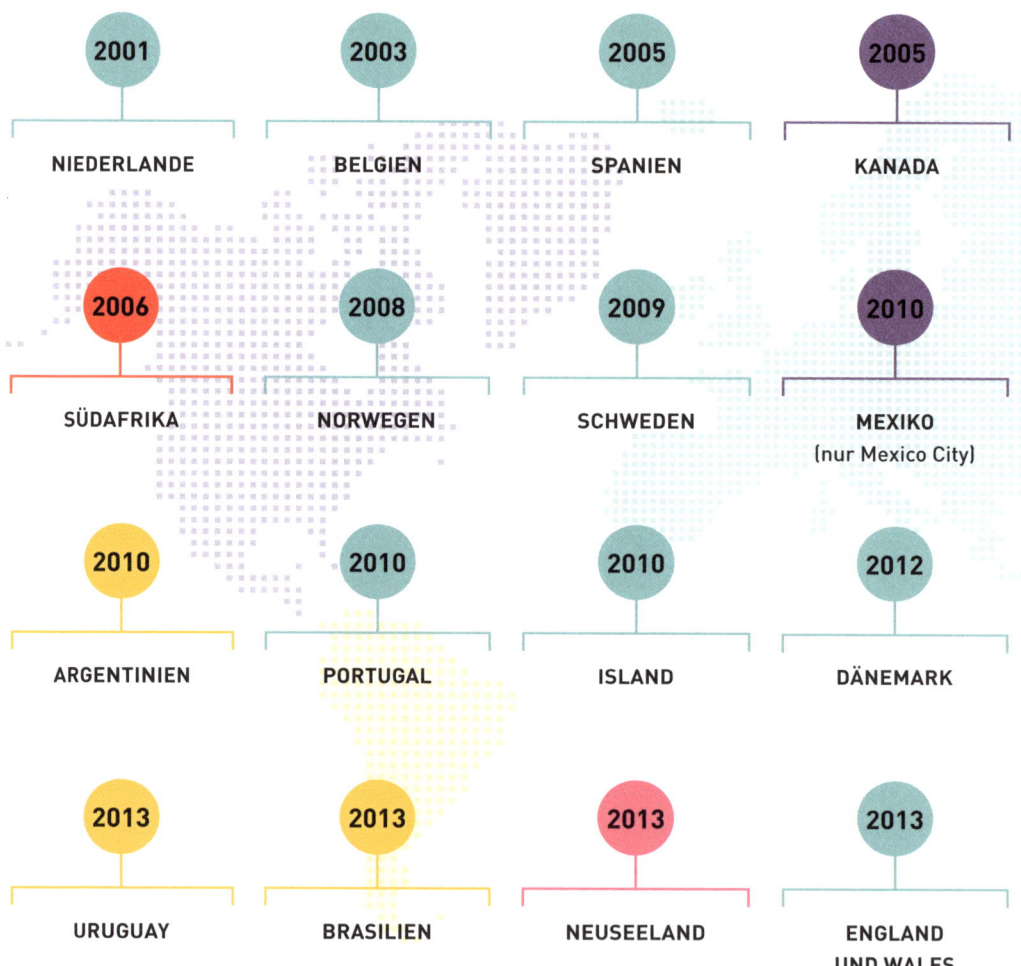

2001	2003	2005	2005
NIEDERLANDE	BELGIEN	SPANIEN	KANADA

2006	2008	2009	2010
SÜDAFRIKA	NORWEGEN	SCHWEDEN	MEXIKO (nur Mexico City)

2010	2010	2010	2012
ARGENTINIEN	PORTUGAL	ISLAND	DÄNEMARK

2013	2013	2013	2013
URUGUAY	BRASILIEN	NEUSEELAND	ENGLAND UND WALES

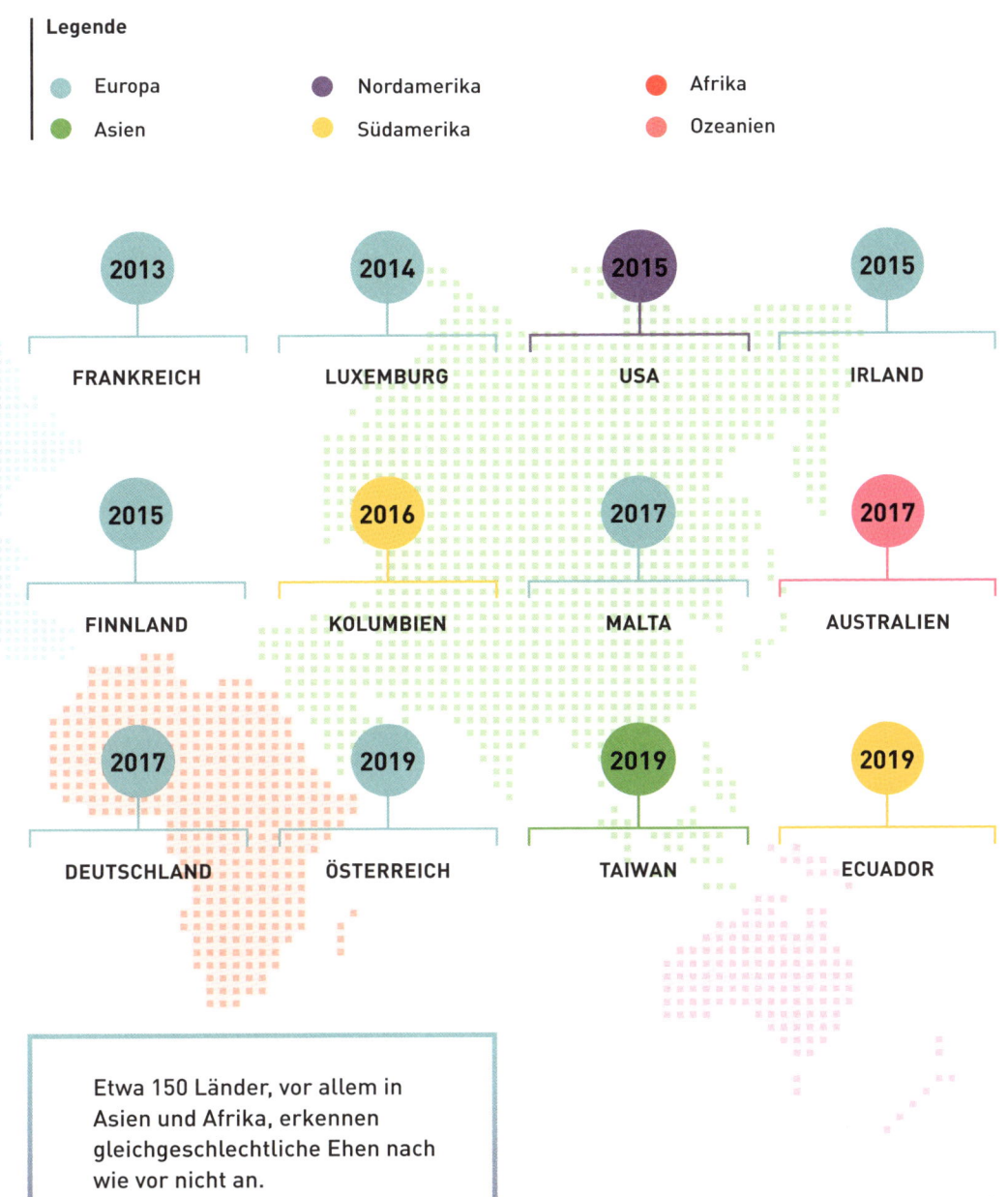

2001 — NIEDERLANDE

Das Land ermöglicht nicht nur als Erstes der Welt gleichgeschlechtliche Ehen, es gesteht homosexuellen Paaren auch das Recht zur Adoption zu.

2002 — SÜDAFRIKA

Susanne Du Toit setzt für ihre Partnerin Anna-Marie de Vos die Ausübung elterlicher Rechte für ihre Adoptivkinder durch. Südafrika ist damit das erste afrikanische Land, das die Adoption von Kindern durch gleichgeschlechtliche Paare erlaubt.

2010

FRANKREICH

DIE ANWÄLTIN UND AKTIVISTIN CAROLINE MÉCARY GEWINNT EINEN MUSTERPROZESS. EIN FRANZÖSISCH-AMERIKANISCHES LESBISCHES PAAR HATTE IN DEN USA MITHILFE KÜNSTLICHER BEFRUCHTUNG EIN KIND BEKOMMEN. DIE FRANZÖSISCHE PARTNERIN ADOPTIERTE DAS KIND, GENOSS IN FRANKREICH JEDOCH KEINE ELTERLICHEN RECHTE.

2017

USA

DER OBERSTE GERICHTSHOF LÄSST DIE ADOPTION VON KINDERN DURCH LGBTIQ+-MENSCHEN ODER GLEICHGESCHLECHTLICHE PAARE IN ALLEN BUNDESSTAATEN ZU.

LGBTIQ+-PAARE

In der Geschichte haben sich Künstler:innen, Autor:innen und Aktivist:innen in ihrem Werk und in ihrem Privatleben für ihr Recht starkgemacht, zu lieben, wen sie wollen. Wir stellen einige herausragende LGBTIQ+-Paare vor, die ihre Beziehungen offen geführt und gelebt haben.

1907 Die amerikanische Literatin **GERTRUDE STEIN** trifft **ALICE B. TOKLAS** in Paris. Ihre Beziehung beginnt augenblicklich und hält bis zu Steins Tod 39 Jahre später. Das Paar unterhält in seiner Pariser Wohnung einen Salon, der zum Treffpunkt für Auslandsamerikaner:innen und die Pariser Avantgarde avanciert.

1922 **VIRGINIA WOOLF** und **VITA SACKVILLE-WEST** begegnen sich. Die zehn Jahre jüngere Sackville-West ist die bekanntere und erfolgreichere Schriftstellerin von beiden. Beide Frauen sind zwar verheiratet, aber die aufgeschlossene Atmosphäre der Bloomsbury-Künstlergruppe und die tolerante Haltung der Ehemänner ermöglicht das Zustandekommen einer romantischen Bindung. Die Beziehung hält zehn Jahre und mündet schließlich in eine langjährige Freundschaft.

1947 Der amerikanische Dramatiker **TENNESSEE WILLIAMS** begegnet dem italo-amerikanischen Schauspieler **FRANK MERLO**. Dieser wird Williams' Privatsekretär; die beiden verbindet eine 14 Jahre dauernde Langzeitbeziehung. Kurz nach ihrer Trennung erkrankt Merlo schwer an Lungenkrebs. Williams pflegt den Partner bis zu seinem Tod 1963.

1958 Der französische Modeschöpfer **YVES SAINT LAURENT** trifft den Unternehmer und Mäzen **PIERRE BERGÉ**. Sie beginnen eine Beziehung und gründen 1961 das Modehaus Yves Saint Laurent Couture, das Bergé bis zu seiner Schließung 2002 leitet. Ihre Beziehung hält bis 1976, aber sie bleiben sich lebenslang freundschaftlich verbunden und gehen schließlich wenige Tage vor Saint Laurents Tod 2008 einen »zivilen Solidaritätspakt« (eingetragene Partnerschaft) ein.

1967 Der Italiener **GILBERT PROUSCH** und der Brite **GEORGE PASSMORE**, heute bekannt als Künstlerpaar Gilbert & George, lernen sich in der Bildhauerklasse der Saint Martin's School of Art in London kennen, der Beginn einer Beziehung und einer fruchtbaren künstlerischen Zusammenarbeit. Das Paar, das viel Kritikerlob erhält und Großbritannien 2005 bei der Biennale vertritt, heiratet 2008.

1977 Der amerikanische Bürgerrechts- und Schwulenrechteaktivist **BAYARD RUSTIN** geht mit **WALTER NAEGLE** eine feste Beziehung ein, die bis zu Rustins Tod zehn Jahre später dauert. Weil eine Ehe rechtlich nicht möglich ist, adoptiert Rustin 1982 Naegle, um die Beziehung abzusichern. Naegle leitet heute den Bayard Rustin Fund.

1994 **RUPAUL CHARLES**, Fernsehstar und Moderator der Sendung *Drag Race*, lernt den gebürtigen Australier und Farmer **GEORGES LEBAR** in einem Nachtclub in New York City kennen. Die beiden sind 23 Jahre lang ein Paar, ehe sie 2017 heiraten.

2002 **CLARE BALDING** und **ALICE ARNOLD** arbeiten als Rundfunkmoderatorinnen und -journalistinnen bei der BBC und verlieben sich 2002. Sie gehen 2006 eine eingetragene Partnerschaft ein und heiraten 2015 in einer Zeremonie im kleinen Kreis.

2004 Die amerikanische Komikerin und Fernsehmoderatorin **ELLEN DeGENERES** trifft sich mit der Schauspielerin und Philanthropin **PORTIA DE ROSSI**. 2008, nach der Zulassung gleichgeschlechtlicher Ehen in Kalifornien, heiratet das Paar in seinem Haus in Beverly Hills.

 **2003**

 **2011**

GROSSBRITANNIEN

HOMOPHOBE VORSCHRIFTEN (»SECTION 28«) WERDEN IN ENGLAND, WALES UND NORDIRLAND ENDGÜLTIG AUFGEHOBEN. BIS DAHIN WAR ES ÖRTLICHEN BEHÖRDEN UNTERSAGT, IN ÖFFENTLICHEN SCHULEN »GESPRÄCHE ÜBER DIE ANNEHMBARKEIT VON HOMOSEXUALITÄT« ZUZULASSEN.

USA

DER »FAIR EDUCATION ACT« ERLAUBT IN KALIFORNIEN ALS ERSTEM BUNDESSTAAT DER USA, SOZIALWISSENSCHAFTLICHEN UNTERRICHT MIT EINSCHLUSS VON LGBTIQ+ VORZUSCHREIBEN, UND VERBIETET DISKRIMINIERENDE SPRACHE IM LEHRPLAN. DIE MEDIEN BEZEICHNEN DIES ALS DAS »LGBTIQ+-GESCHICHTSGESETZ«.

2011

NEPAL

NEPAL NIMMT ALS ERSTES LAND DER WELT EIN OPTIONALES DRITTES GESCHLECHT IN SEINE VOLKSZÄHLUNGS-UNTERLAGEN AUF. IN OFFIZIELLEN DOKUMENTEN TRAGEN SICH NICHT-BINÄRE MENSCHEN ALS »SONSTIGE« EIN.

2018

JAPAN

DIE TOKIOTER STADTREGIERUNG UNTERSAGT DISKRIMINIERUNG AUFGRUND SEXUELLER ORIENTIERUNG ODER GESCHLECHTSIDENTITÄT UND BEKENNT SICH ZUR FÖRDERUNG VON LGBTIQ+-GLEICHBERECHTIGUNG.

»Solange wir in einer Kultur leben, in der die eigene Fraulichkeit oder Männlichkeit bewiesen werden muss, leben wir nicht in einer freien Kultur.«

Laverne Cox ist eine amerikanische Schauspielerin, Fernsehproduzentin und LGBTIQ+-Aktivistin. Ihre Darstellung von Trans-Menschen auf dem Bildschirm ist vielschichtig und dient weder als Alibi, noch ist sie mit Stereotypen behaftet. Cox ist das Aushängeschild der aktuellen Bürgerrechtsbewegung. Sie gibt durch ihre Arbeit nicht nur Trans-Menschen die Hoheit über ihr eigenes Narrativ zurück, sie nutzt auch ihren Einfluss, um sich auf internationalem Parkett für Transrechte einzusetzen. Als erste bekennende Transgender-Person spielte sie eine Hauptrolle in einer Fernsehserie in den USA (*Orange Is the New Black*), erschien auf dem Umschlag des Magazins *Time* und erhielt ein Wachsebenbild bei Madame Tussauds.

Laverne Cox
USA
1972–

2009 — USA

DIE TRANS-AKTIVISTIN RACHEL CRANDALL RUFT DEN »INTERNATIONAL TRANSGENDER DAY OF VISIBILITY« AUS, ALS ANERKENNUNG UND ALS FEST FÜR LEBENDE MITGLIEDER DER TRANS-COMMUNITY. DER FEIERTAG WIRD AM 31. MÄRZ BEGANGEN.

2012 — ARGENTINIEN

EINE BAHNBRECHENDE GESETZGEBUNG DEFINIERT DIE GESCHLECHTSIDENTITÄT ALS »INNERES UND INDIVIDUELLES GESCHLECHTSERLEBEN NACH PERSÖNLICHEM EMPFINDEN«. TRANS-PERSONEN KÖNNEN IHR SOZIALES GESCHLECHT AMTLICH ÄNDERN LASSEN, OHNE EINE PSYCHOTHERAPIE ODER EINE ANPASSENDE OPERATION VORWEISEN ZU MÜSSEN.

2014 — INDIEN

TRANS-MENSCHEN DÜRFEN IHR GESCHLECHT OHNE OPERATIVE ANPASSUNG ÄNDERN UND ERHALTEN EIN IN DER VERFASSUNG VERBRIEFTES RECHT, SICH ALS DRITTES GESCHLECHT REGISTRIEREN ZU LASSEN.

2017 — DÄNEMARK

DÄNEMARK STREICHT ALS WELTWEIT ERSTES LAND OFFIZIELL TRANSGENDER-IDENTITÄTEN AUS DER LISTE PSYCHISCHER KRANKHEITEN. DER PARLAMENTARISCHE GESUNDHEITSAUSSCHUSS HÄLT ES FÜR »VÖLLIG UNANGEMESSEN, TRANSGENDER ZU EINER KRANKHEIT ZU ERKLÄREN«.

TRANSGENDER-GLEICHBERECHTIGUNG

RECHTLICHE ANERKENNUNG VON TRANS-PERSONEN

Etwa ein Drittel aller Länder erlaubt, das eigene Geschlecht legal ändern zu lassen. Nur sechs davon erlauben dies durch die Abgabe einer Erklärung. Die meisten anderen verlangen entweder eine geschlechtsanpassende Operation oder eine medizinische Diagnose.

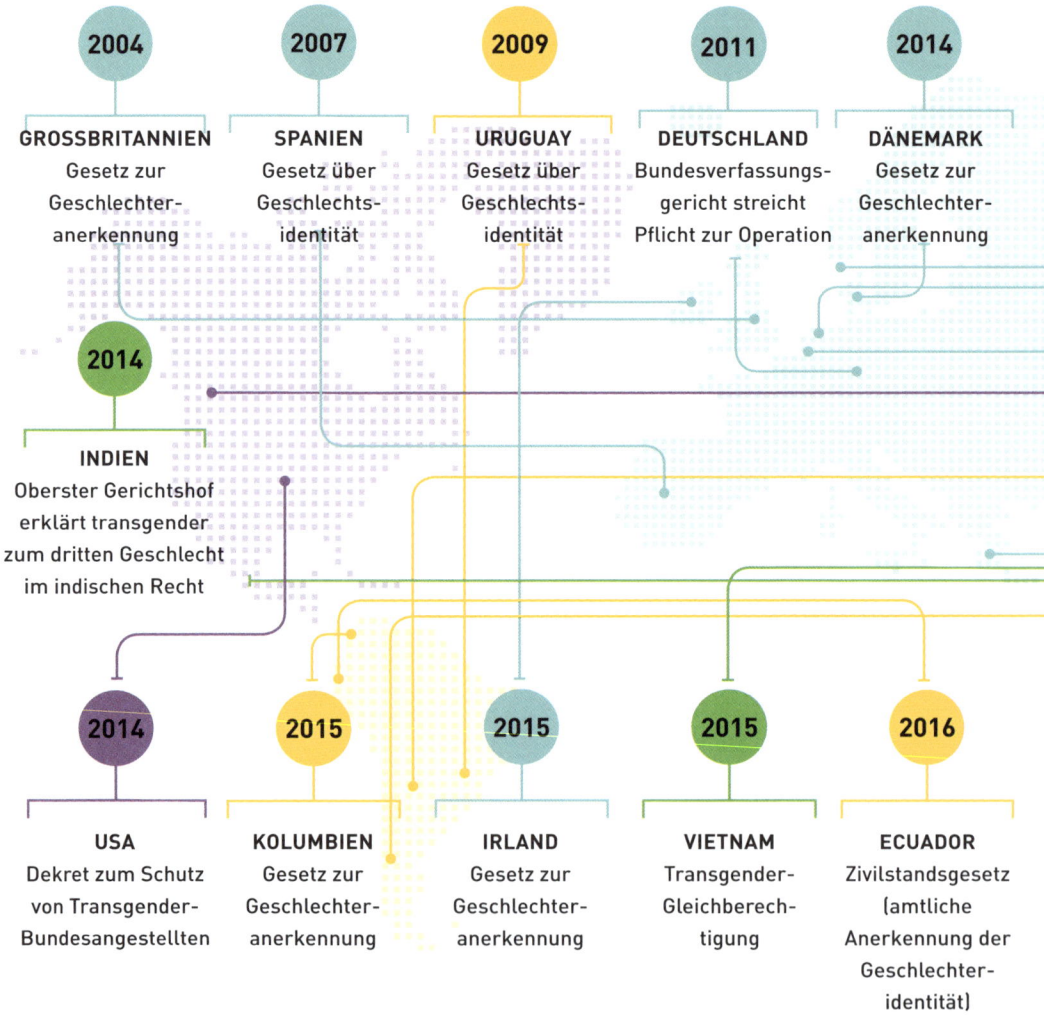

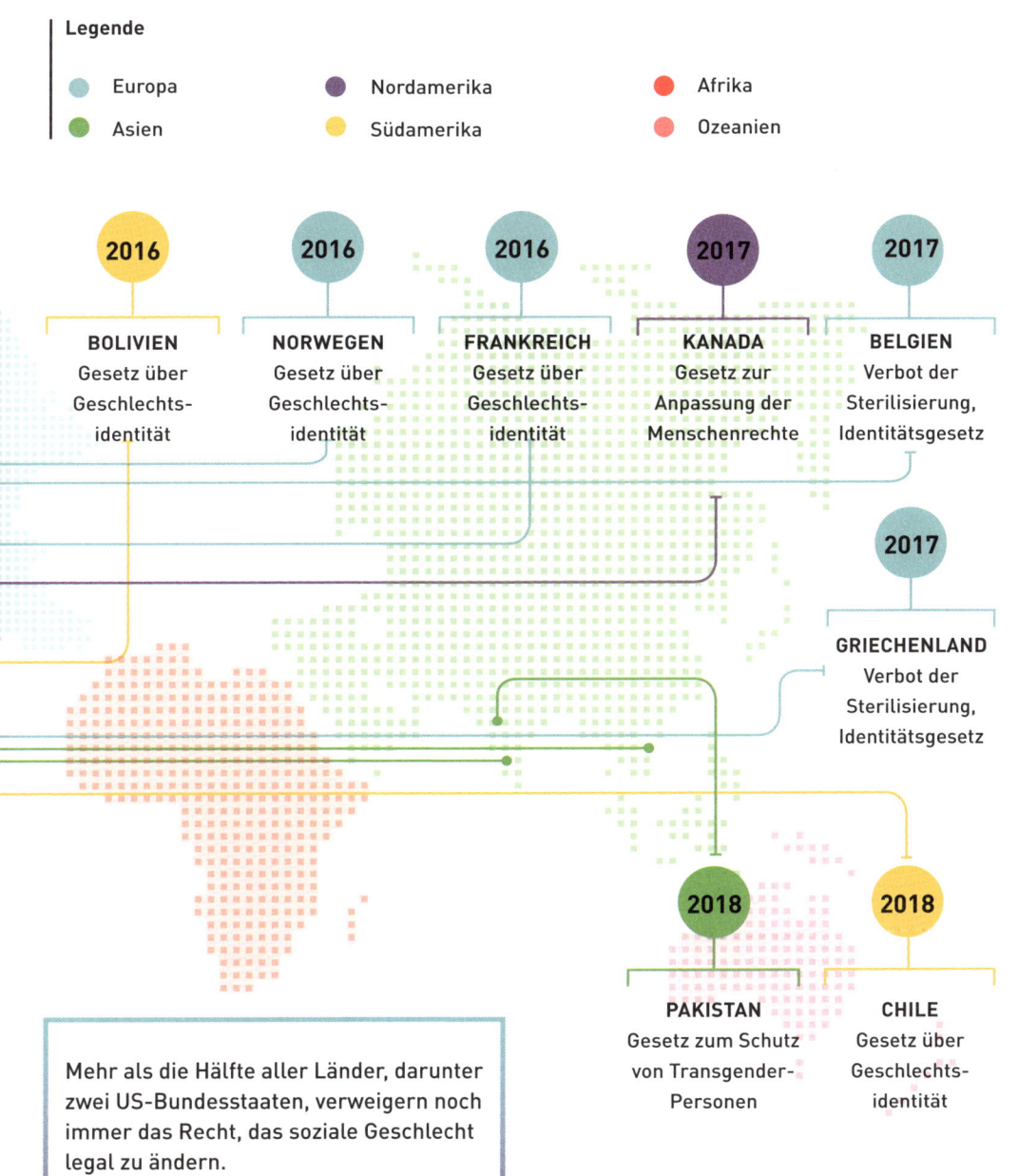

»Je mehr Menschen sich über ihr Coming-out freuen und wissen, dass es keine negativen Folgen für Beruf oder Karriere hat, desto weiter kommen wir.«

Die 1982 in Leeds geborene Fliegengewichtsboxerin Nicola Adams war die erste bekennende LGBTIQ+-Person, die eine olympische Goldmedaille gewann. Den erstmals 2003 errungenen englischen Amateurtitel hielt sie vier Jahre ununterbrochen. Obwohl sie Etikettierungen für problematisch hält und sich auch als bekennende Bisexuelle nicht durch ihre Sexualität definieren lassen will, machte ihr sportlicher Aufstieg sie zum Vorbild für die LGBTIQ+-Community. Bei den Olympischen Spielen 2012 in London war sie die erste Britin, die in einer olympischen Boxdisziplin siegte. Der *Independent* nannte sie »das einflussreichste LGBT-Individuum Großbritanniens«. Im gleichen Jahr wurde sie Weltmeisterin, den olympischen Titel verteidigte sie vier Jahre später in Rio de Janeiro. Bis zu ihrem Rücktritt 2019 blieb sie ungeschlagen.

Nicola Adams
GROSSBRITANNIEN

1982–

LGBTIQ+ IM SPORT

Während das offene Bekenntnis zu LGBTIQ+ im Profisport (vor allem im Männerfußball) noch häufig zur Stigmatisierung führt, schafften es einige Sportler:innen aus dem LGBTIQ+-Kreis bis an die Spitze ihrer Sportarten. Sie wirkten inspirierend auf queere und binäre Jugendliche gleichermaßen und trugen dazu bei, die LGBTIQ+-Identität in einen breiteren kulturellen Zusammenhang einzubringen.

1981 Die Amerikanerin **BILLIE JEAN KING** outet sich als erste prominente Sportlerin als lesbisch. Sie ist Nummer eins der Weltrangliste und gewinnt 39 Grand-Slam-Titel, ehe sie sich 1983 vom Turniersport zurückzieht. Sie gilt als eine der wichtigsten Tennisspielerinnen überhaupt und nahm großen Einfluss auf die Gleichberechtigung im Tennis.

1990 Kurz nach dem Ende seiner Profilaufbahn bei Leyton Orient bekennt sich **JUSTIN FASHANU** als erster englischer Fußballer öffentlich zu seiner Homosexualität. Acht Jahre später nimmt er sich das Leben, nach einer Anklage wegen eines sexuellen Übergriffs auf einen Jungen im US-Bundesstaat Maryland, wo homosexuelle Akte zu diesem Zeitpunkt noch unter Strafe stehen.

1995 **GREG LOUGANIS** ist mit vier olympischen Goldmedaillen der wohl erfolgreichste Wasserspringer aller Zeiten. Er gehört zu den profiliertesten Sportlern, die öffentlich erklären, HIV-positiv zu sein. Mit der Teilnahme an den Gay Games 1994 bekennt er sich öffentlich zu seiner Homosexualität.

1999 **PARINYA CHAROENPHOL** (Pseudonym Nong Toom) nimmt als Trans-Person sehr erfolgreich an Wettbewerben im Thaiboxen teil, um sich gegen Schikanen anderer Jungen wehren und mit den Preisgeldern die geschlechtsangleichende Operation bezahlen zu können.

2009 **GARETH THOMAS**, zu diesem Zeitpunkt Rekordnationalspieler für Wales im Rugby, outet sich als erster aktiver Profi in einer Mannschaftssportart.

2010

Die zweimalige Fußballweltmeisterin und fünffache Europameisterin **NADINE ANGERER** outet sich in einem Zeitungsinterview als bisexuell. Nur wenige Fußballerinnen haben mehr Auszeichnungen erhalten als sie. 2013 ist sie Europas Fußballerin des Jahres und FIFA-Weltfußballerin des Jahres.

2013

Der frühere American-Football-Spieler **KWAME HARRIS** bekennt sich zu seiner Homosexualität. Der gebürtige Jamaikaner erklärt, wie schwer es ist, in der NFL ständig »die Maske aufzubehalten« und seine sexuelle Orientierung zu verheimlichen.

2014

Der Schwimmer **IAN THORPE** outet sich im Fernsehen als schwul. Kein Australier vor ihm war bei Olympischen Spielen so erfolgreich: fünf Goldmedaillen 2000 und 2004.

2015

CAITLYN JENNER, die bei der Olympiade 1976 als Mann eine Goldmedaille im Zehnkampf gewonnen hat, hat ihr Coming-out als transgender. Sie beginnt ihre Transition vor einer geschlechtsangleichenden Operation 2017. Innerhalb der LGBTIQ+-Community ist sie umstritten, zählt aber zu den wohl bekanntesten Trans-Frauen der Welt.

2019

MEGAN RAPINOE wird als Weltfußballerin des Jahres ausgezeichnet. Rapinoe ist nicht nur eine prominente Persönlichkeit in der LGBTIQ+-Community, sie spielte beim Weltmeisterschaftserfolg der USA im gleichen Jahr eine entscheidende Rolle. Die Kapitänin der Nationalmannschaft wird als »Spielerin des Turniers« und Torschützenkönigin ausgezeichnet.

2000

DEUTSCHLAND

EIN ERLASS FÜR DIE BUNDESWEHR BESTIMMT, DASS SEXUELLE ORIENTIERUNG KEIN TRIFTIGER GRUND IST, JEMANDEM EINE VERANTWORTLICHE FÜHRUNGSPOSITION ZU VERWEIGERN.

2010

USA

DIE UMSTRITTENE PRAXIS DER US-ARMEE (»DON'T ASK, DON'T TELL«), DIE LGBTIQ+-PERSONAL ZWINGT, SICH UNAUFFÄLLIG ZU VERHALTEN, WIRD BEENDET. SEIT 1993 WAREN AUF DIESER GRUNDLAGE 13 000 ENTLASSUNGEN AUS DEM DIENST VERFÜGT WORDEN.

2011

NIEDERLANDE

DIE NIEDERLÄNDISCHEN STREITKRÄFTE NEHMEN ZUM ERSTEN MAL MIT EINEM EIGENEN BOOT AN DER AMSTERDAM PRIDE TEIL. DIE NIEDERLANDE HEBEN ALS ERSTES LAND DAS VERBOT DES MILITÄRDIENSTS FÜR HOMOSEXUELLE MENSCHEN AUF.

2012

NEUSEELAND

DIE VERTEIDIGUNGSSTREITKRÄFTE GRÜNDEN »OVERWATCH«, EINE LGBTIQ+-UNTERSTÜTZUNGSGRUPPE, DIE DIE INKLUSIVITÄT STEIGERN UND DISKRIMINIERUNG BESEITIGEN SOLL. DAS NEUSEELÄNDISCHE MILITÄR GEHÖRT ZU DEN INKLUSIVSTEN STREITKRÄFTEN DER WELT.

»›Wir fragen nicht, du sagst nichts‹ heißt, dass du lügen musst. Menschen werden zur Lüge, zur Heimlichkeit gezwungen. Das sind keine militärischen Tugenden.«

Als der Leutnant der US-Armee Dan Choi sich im März 2009 im Fernsehen als schwul outete, griff er damit mutig das Verschwiegenheitsmantra »Don't Ask, Don't Tell« der Streitkräfte an. Diese seit 1993 verfolgte wehrrechtliche Praxis verbot den Militärdienst für Menschen, die sich offen zur Homosexualität bekannten. Chois unmittelbar folgende Entlassung sorgte für allgemeine Entrüstung und verhalf ihm zu Prominenz in der amerikanischen LGBTIQ+-Community, die ihn 2010 zum Zeremonienmeister des 41. New York Pride March berief. Im gleichen Jahr wurde Choi dreimal verhaftet, weil er sich an den Zaun des Weißen Hauses gekettet hatte, um gegen seine Entlassung und das Schweigegebot zu protestieren. Mutigen Menschen wie ihm ist zu verdanken, dass die Praxis revidiert und 2011 von Präsident Obama aufgehoben wurde.

Dan Choi
USA

1981–

LGBTIQ+ IM MILITÄR

Etwa 50 Länder erlauben, dass bestimmte LGBTIQ+-Individuen offen am Militärdienst teilnehmen. In den meisten Ländern wurden die Gesetze zunächst nur für lesbische und schwule Menschen angepasst. Stand 2020 lassen 19 Länder Trans-Personen zum Dienst in den Streitkräften zu.

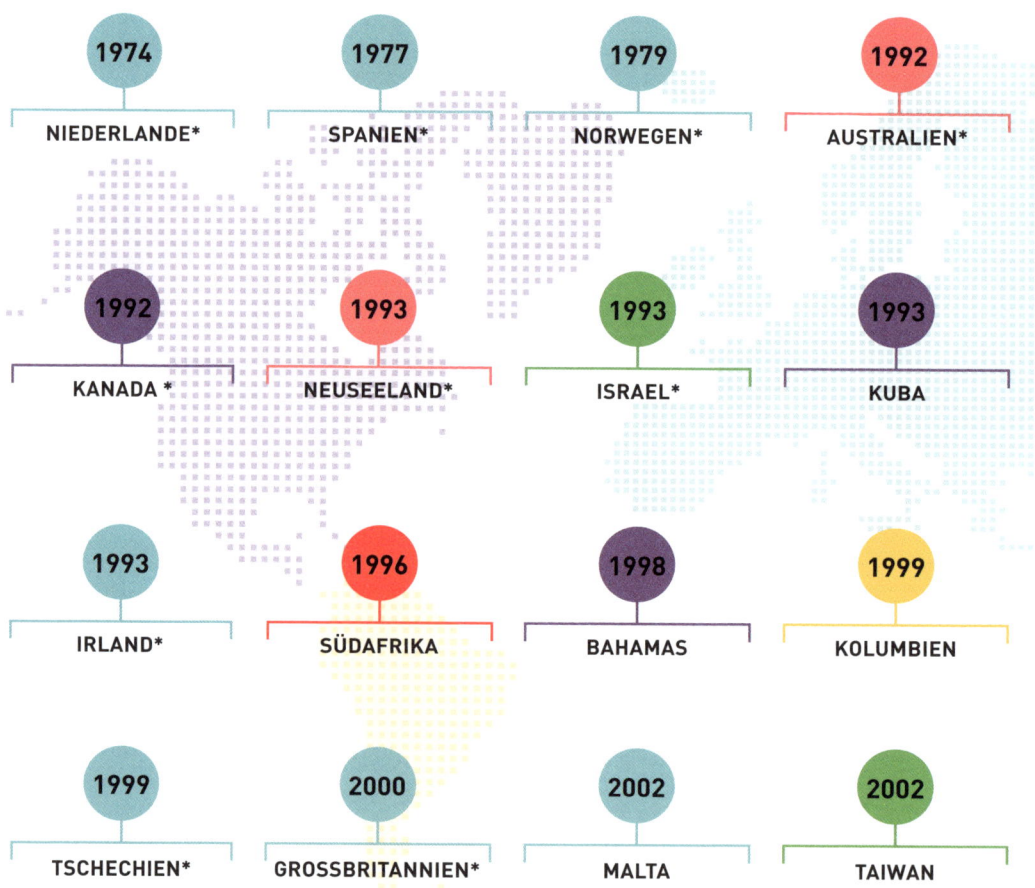

1974 NIEDERLANDE*	1977 SPANIEN*	1979 NORWEGEN*	1992 AUSTRALIEN*
1992 KANADA*	1993 NEUSEELAND*	1993 ISRAEL*	1993 KUBA
1993 IRLAND*	1996 SÜDAFRIKA	1998 BAHAMAS	1999 KOLUMBIEN
1999 TSCHECHIEN*	2000 GROSSBRITANNIEN*	2002 MALTA	2002 TAIWAN

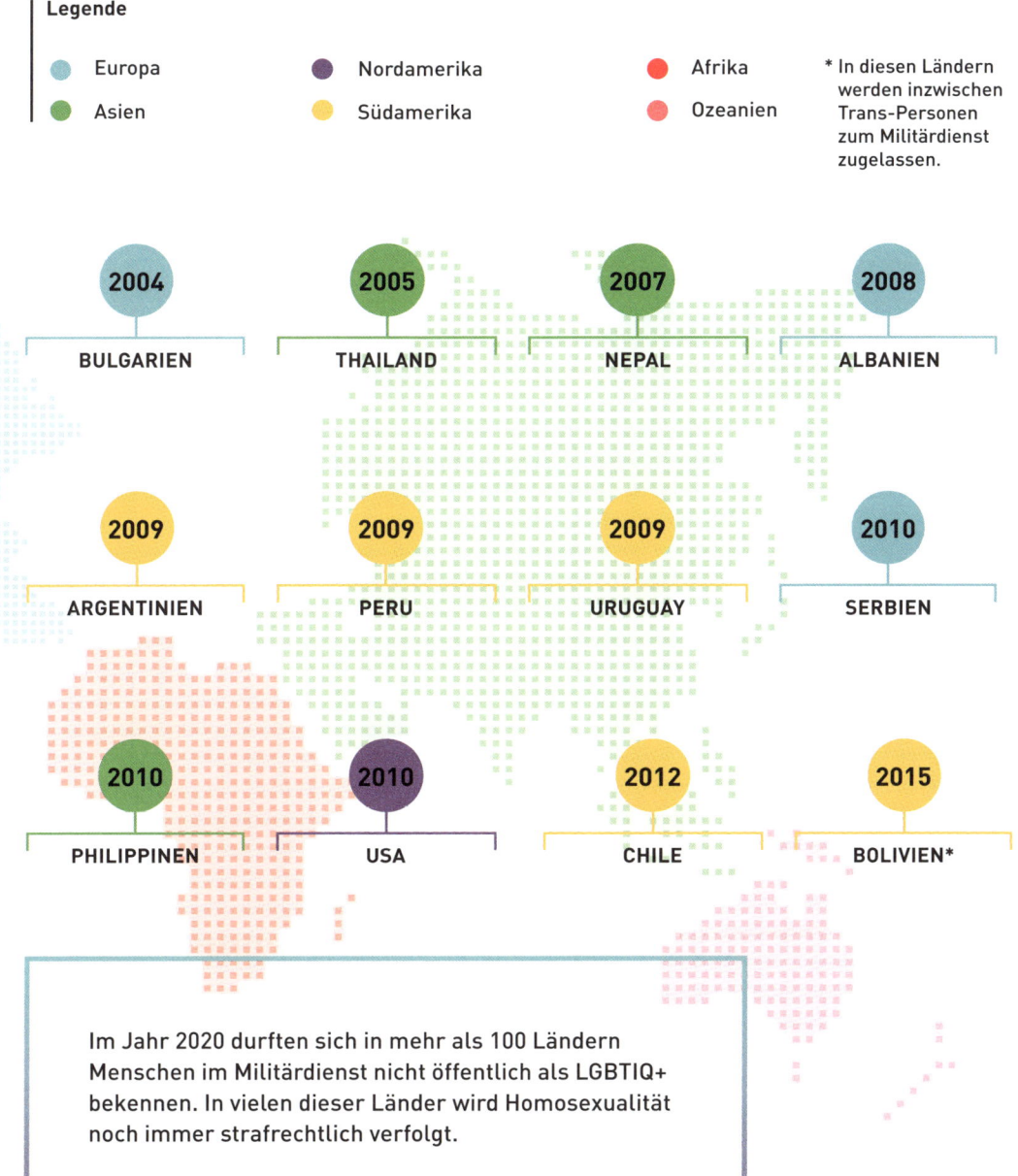

LGBTIQ+-AKTIVISMUS ONLINE

Das Internet hat die Organisationsformen von LGBTIQ+-Aktivist:innen revolutioniert. Insbesondere Social-Media-Plattformen fördern das Solidaritätsgefühl und tragen zu wachsenden internationalen Online-Communitys und Protestbewegungen mithilfe von Twitter, Facebook und Instagram bei.

1987 **SAPPHO**, eine der ersten Mailinglisten per E-Mail für lesbische und bisexuelle Frauen, wird von Jean Marie Diaz gegründet. Sappho setzt sich schnell durch und bekommt bald kleinere Ableger, die sich als sicheres Diskussionsforum für wichtige Themen der lesbischen Community etablieren, wie Coming-out, sicherer Sex und Online-Dating.

1992 Die **KHUSH LIST** entsteht: eine absolut vertrauliche Mailingliste und Online-Diskussionssphäre für LGBTIQ+-Menschen im südasiatischen Raum. Hier werden regionale Gay-Kultur, -Erfahrungen und -Themen besprochen. Gleichzeitig dient die Liste als soziales und unterstützendes Netzwerk für die Teilnehmer:innen.

1995 Tom Rielly gründet **PLANETOUT** im Webportal von Microsoft; die Firma agiert auch jetzt noch als Global Player, der mit mehreren spezialisierten Websites gezielt die demografische Gruppe der LGBTIQ+-Menschen anspricht. Im Jahr 2000 fusioniert PlanetOut mit dem größten Wettbewerber Gay.com zu PlanetOut Partners, Inc.

1999 **TRANSGENDER DAY OF REMEMBRANCE** (TDoR, Gedenktag für die Opfer von Transphobie) entsteht als web-basiertes Projekt von Gwendolyn Ann Smith, um an die Ermordung der Trans-Frau Rita Hester zu erinnern. Der Gedenktag wird international am 20. November begangen, um auf Gewalt gegen Trans-Personen und Transphobie aufmerksam zu machen.

2007 Die Plattform **TUMBLR** entsteht und wird zum Drehkreuz für LGBTIQ+-Jugendliche aus der ganzen Welt. Sie hebt bisherige Randgruppen auf die Mainstreamebene und stellt eine sichere Umgebung für queere Menschen dar, die ihre Identität erkunden wollen.

2010 — Die Schwulenaktivisten Dan Savage und Terry Miller lancieren das Projekt **IT GETS BETTER** auf YouTube; Ziel ist, Selbsttötungen von LGBTIQ+-Jugendlichen zu verhindern, indem Erwachsene ihnen eine Perspektive auf ein besseres Leben vermitteln. In der ersten Woche werden 200 Videos hochgeladen. Heute gibt es eine eigene Website mit mehr als 50 Millionen Zugriffen.

2013 — Millionen Facebook-User tauschen ihr Profilbild gegen eine rosa und rote Fassung des Logos der Human Rights Campaign, um die gleichgeschlechtliche Ehe ideell zu unterstützen.

2014 — Ungeachtet der scharfen Gesetze, die Homosexualität unter Strafe stellen, starten ugandische LGBTIQ+-Aktivist:innen das **BOMBASTIC MAGAZINE**, das online das LGBTIQ+-Leben im Land dokumentiert und sich für Gesetzesreformen starkmacht.

2015 — Nach dem Urteil des Obersten Gerichtshofs der USA, dass gleichgeschlechtliche Ehen in allen 50 Bundesstaaten legal sind, wird der Hashtag #lovewins auf Twitter in den USA mehr als 5,5 Millionen Mal geteilt, darunter auch von Präsident Barack Obama. Facebook kreiert einen Filter, um ein Regenbogenbanner über das persönliche Profilbild zu legen. Dieser wird von Millionen Nutzern eingesetzt, darunter Facebook-Gründer Mark Zuckerberg.

2016 — Das Kollektiv **ASWAT** für LGBTIQ+-Gleichberechtigung verwendet den Hashtag **#loveisnotacrime**, um die Aufmerksamkeit der internationalen Öffentlichkeit auf Gewalt gegen LGBTIQ+-Menschen in Marokko zu lenken.

2017 — Türkische Trans-Aktivist:innen organisieren eine erfolgreiche Trans-Straßenparade in Istanbul und verwenden den Hashtag **#gameoftrans** auf mehreren Social-Media-Plattformen gleichzeitig.

»Der Tag wird kommen, an dem die Diskriminierung von Menschen aufgrund der Art ihrer Liebe im Mülleimer der Geschichte landet.«

Kasha Jacqueline Nabagesera ist eine der vernehmlichsten Stimmen für Bürgerrechte in Afrika. Sie setzt sich seit 2002 für LGBTIQ+-Rechte ein. Damals wäre sie wegen ihrer sexuellen Orientierung beinahe von der Universität verwiesen worden. Sie gründete im Jahr darauf »Freedom and Roam Uganda« (FARUG), war zehn Jahre Geschäftsführerin und kämpfte für den Schutz von LGBTIQ+-Menschen und die Entkriminalisierung der Homosexualität in Afrika. Später gründete sie die *Kuchu Times*, die Neuigkeiten rund um LGBTIQ+ verbreitet, und das *Bombastic Magazine* als Plattform zur Beschreibung der Lebenswelt der ugandischen LGBTIQ+-Community. Heute wirbt sie allen Widrigkeiten zum Trotz unermüdlich auf globaler Ebene für die LGBTIQ+-Gleichberechtigung in Afrika bei den Vereinten Nationen, bei der Afrikanischen Kommission der Menschenrechte und Rechte der Völker und der EU.

Kasha Nabagesera
Uganda

1980–

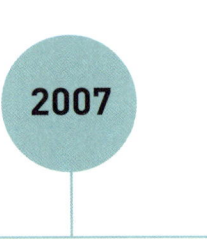

2007

SPANIEN

DAS BAHNBRECHENDE »GESETZ DES HISTORISCHEN ANDENKENS« VERSPRICHT AUCH ALL JENEN, DIE AUFGRUND IHRER SEXUELLEN ORIENTIERUNG WIRTSCHAFTLICHE NACHTEILE HINNEHMEN MUSSTEN, EINE ENTSCHÄDIGUNG DURCH DEN STAAT.

2009

GROSSBRITANNIEN

DER KONSERVATIVE PARTEIFÜHER UND SPÄTERE PREMIERMINISTER DAVID CAMERON ENTSCHULDIGT SICH FÜR DIE UNTER MARGARET THATCHER EINGEFÜHRTE »SECTION 28«, EIN GESETZ, DAS DIE »PROPAGIERUNG« VON HOMOSEXUALITÄT IN SCHULEN UNTERSAGTE.

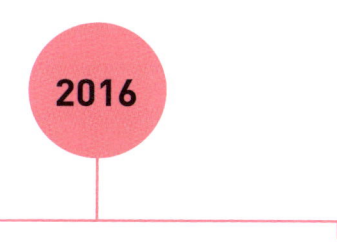

AUSTRALIEN

DIE POLIZEIKRÄFTE VON NEW SOUTH WALES BITTEN FÜR IHRE BRUTALITÄT WÄHREND DER LGBTIQ+-FASCHINGSDIENSTAGS-DEMONSTRATION IM JUNI 1978 UM ENTSCHULDIGUNG, EBENSO WIE ABGEORDNETE DES PARLAMENTS IM NAMEN DER STAATSREGIERUNG.

KANADA

PREMIERMINISTER TRUDEAU LEISTET IM UNTERHAUS EINE HISTORISCHE ABBITTE BEI LGBTIQ+-KANADIER:INNEN FÜR JAHRZEHNTELANGE »SYSTEMATISCHE STAATLICHE UNTERDRÜCKUNG UND ZURÜCKWEISUNG«.

2018

GROSSBRITANNIEN

PREMIERMINISTERIN THERESA MAY REAGIERT AUF EINE VOM AKTIVISTEN PETER TATCHELL INITIIERTE KAMPAGNE. SIE ENTSCHULDIGT SICH FÜR DIE HOMOPHOBE TRADITION BRITISCHER GESETZE UND DRÄNGT IM COMMONWEALTH DARAUF, DISKRIMINIERENDE GESETZE AUS DER KOLONIALZEIT ZU REFORMIEREN, DIE 100 MILLIONEN MENSCHEN BENACHTEILIGEN.

2019

USA

DIE AMERIKANISCHE VEREINIGUNG FÜR PSYCHOANALYSE ANERKENNT IHRE MITVERANTWORTUNG FÜR DIE ANHALTENDE DISKRIMINIERUNG VON LGBTIQ+-MENSCHEN. DIE LANGE ZEIT VON IHR GEHANDHABTE EINSTUFUNG VON HOMOSEXUALITÄT ALS SEELISCHE KRANKHEIT HAT VIELFACH ALS VORWAND DAFÜR GEDIENT.

ALLE VON UNS, DIE OFFEN HOMOSEXUELL SIND, LEBEN UND SCHREIBEN DIE GESCHICHTE UNSERER BEWEGUNG.

TAMMY BALDWIN
SENATORIN UND ERSTE BEKENNENDE
LESBISCHE FRAU, DIE IN DEN
US-KONGRESS GEWÄHLT WURDE

LGBTIQ+ IM KINO

Die Filmkunst war immer ein wichtiges Medium für queere Erfahrungen, aber auch, um Heteronormativität infrage zu stellen und dem LGBTIQ+-Leben zu mehr Wahrnehmung im Mainstream zu verhelfen. Hier folgt eine Auswahl exemplarischer Filme.

1950 *Ein Liebeslied (Un Chant d'Amour)*, die einzige Regiearbeit des französischen Schriftstellers **JEAN GENET**, wird gedreht. Der 26-minütige Kurzfilm spielt in einem französischen Gefängnis. Ein voyeuristischer Wächter sieht den Gefangenen beim Masturbieren zu. Der Film kann wegen seiner homosexuellen Bezüge erst 1975 gezeigt werden.

1961 Dem Thriller *Der Teufelskreis (Victim)* des englischen Regisseurs **BASIL DEARDEN** wird eine entscheidende Rolle bei der Entkriminalisierung der Homosexualität in Großbritannien zugeschrieben. Dirk Bogarde spielt einen erfolgreichen Anwalt, der sich mit seiner Sexualität auseinandersetzen muss, während er einem Erpresserring auf der Spur ist, der auch ihm gefährlich werden könnte.

1968 Der japanische Dragkünstler **AKIHIRO MIWA** spielt eine Juwelendiebin in *Kurotokage (Schwarze Eidechse)*. Sein enger Freund Yukio Mishima schreibt das Drehbuch auf der Basis eines eigenen Theaterstücks und legt die Rolle speziell für Miwa an.

1972 Der Filmemacher **RAINER WERNER FASSBINDER** dreht das ausschließlich mit Frauen besetzte Drama *Die bitteren Tränen der Petra von Kant*, das um die Beziehungen einer narzisstischen Modeschöpferin zu ihren Angestellten kreist. Es geht darin um Themen wie Obsession, Macht, Einsamkeit und zerstörerische Affären.

1997 *Happy Together* vom chinesischen Regisseur **WONG KAR-WAI** feiert Premiere. Die Darstellung zweier schwuler Männer, die nach Argentinien auswandern, gilt als Klassiker des Gay-Kinos. Der Film zeigt nachdrücklich, aber auf sehr intime Weise den turbulenten Alltag einer zum Scheitern verurteilten Beziehung. Wong Kar-wai wird beim Filmfestival in Cannes für die beste Regie ausgezeichnet.

2004 Das Psychodrama *Tropical Malady* des thailändischen Filmemachers **APICHATPONG WEERASETHAKUL** erzählt zwei Storys: die Liebesgeschichte zwischen einem Soldaten und einem Bauernsohn und das surreale Erlebnis eines im Dschungel verirrten Soldaten, der von einem Schamanen gequält wird. Als erster thailändischer Film im Hauptwettbewerb wird er mit dem Preis der Jury ausgezeichnet.

2005 Im romantischen Drama *Brokeback Mountain* des taiwanesischen Filmemachers **ANG LEE** spielen Heath Ledger und Jake Gyllenhaal Viehhüter in der Einsamkeit von Wyoming, die sich verlieben und für den Rest ihres Lebens Liebeskummer und Reue empfinden. Der Film ist so lyrisch wie nachdenklich und ein Meilenstein in der Filmgeschichte.

2013 Der französisch-tunesische Schauspieler und Regisseur **ABDELLATIF KECHICHE** gewinnt die Goldene Palme in Cannes für seinen Film *Blau ist eine warme Farbe (La vie d'Adèle)*. Die sensationelle Coming-of-Age-Geschichte beschreibt das komplexe Liebesverhältnis zwischen der 15-jährigen Schülerin Adèle und der hypnotischen Kunststudentin Emma. Der Film ist heftig umstritten, nachdem die beiden Hauptdarstellerinnen Léa Seydoux und Adèle Exarchopoulos sich auf der Werbetournee über Kechiches »schreckliches Benehmen« am Set beklagen.

2016 *Moonlight* vom US-Filmemacher **BARRY JENKINS** porträtiert auf bahnbrechende und bewegende Weise schwule Maskulinität im afroamerikanischen Umfeld. Jenkins' Bildungsroman spielt in den Armenvierteln von Miami und beschreibt den schwierigen Weg des jungen Chiron zu einem selbstbestimmten Leben. *Moonlight* gewinnt als erstes LGBTIQ+-Werk (und als erstes ausschließlich mit Afroamerikanern besetztes) einen Oscar für den besten Film. Dazu kommen ein Oscar für die beste männliche Nebenrolle und ein Golden Globe als bestes Filmdrama sowie weitere Auszeichnungen.

2017 Das chilenische Drama *Eine fantastische Frau* (Regie: **SEBASTIÁN LELIO**) dreht sich um die Transgender-Sängerin und Kellnerin Marina (gespielt von der Trans-Frau Daniela Vega). Der Film zeigt die Widrigkeiten und die Transphobie, der sie nach dem plötzlichen Tod ihres Partners seitens Behörden und Familie ausgesetzt ist. Das Werk gewinnt den Oscar für den besten fremdsprachigen Film.

LGBTIQ+-FAHNEN IM ÜBERBLICK

Symbole, Fahnen und Abzeichen haben in der Geschichte der LGBTIQ+-Bewegung eine wichtige Rolle gespielt und dazu beigetragen, das Solidaritätsgefühl innerhalb der queeren Gemeinschaft zu entwickeln und zu stärken. Sie werden bei den weltweiten Pride-Veranstaltungen gezeigt. Im Folgenden stellen wir eine Auswahl der gebräuchlichsten Flaggen mit Erläuterungen zu ihrer Herkunft und Geschichte vor.

LGBTIQ+-FAHNE
Die auffällige Regenbogenfahne wurde 1978 von Gilbert Baker für die Feierlichkeiten zum San Francisco Gay Freedom Day entworfen. Der Regenbogen symbolisiert Vielfalt: Die ursprünglich acht Farben waren Rosa für Sexualität, Rot für das Leben, Orange für Heilung, Gelb für Sonnenlicht, Grün für die Natur, Türkis für Kunst, Indigo für Harmonie und Violett für den Geist. Inzwischen gibt es nur noch sechs Farben, weil Rosa und Türkis weggefallen sind.

BISEXUELLE FAHNE
Michael Page entwarf 1998 diese Fahne als Symbol für die Solidarität in der bisexuellen Gemeinschaft: Rosa für die Affinität zwischen Gleichgeschlechtlichen, Blau für die Affinität zum anderen Geschlecht, und Lavendel für die Affinität zu beiden Geschlechtern (oder zu jedem Bereich des Geschlechterspektrums). So verweist die Fahne auf Queerness und macht das B im Akronym LGBTIQ+ in der Gesellschaft allgemein und in der LGBTIQ+-Gemeinschaft im Besonderen sichtbar.

TRANSGENDER-FAHNE
Sie wurde 1999 von der amerikanischen Trans-Frau Monica Helms entworfen. Das Hellblau ist die traditionelle Farbe für Jungen und das Rosa für Mädchen. Das Weiß in der Mitte steht für den Übergangsbereich derer, die sich als geschlechtsneutral oder geschlechtslos fühlen, und für Intersexualität. Helms erklärte ihren Entwurf so: »Egal, wie man sie schwenkt, sie ist immer korrekt. Sie symbolisiert unseren Versuch, in unserem eigenen Leben das Richtige zu finden.«

INTERSEX-FAHNE
Die 2013 von Intersex International Australia entworfene Fahne verwendet geschlechtsneutrale Farben, um das Leben außerhalb des binären Systems zu feiern.

PANSEXUELLE FAHNE
Die pansexuelle Pride-Fahne wurde 2010 von Evie Varney entworfen, um auf die pansexuelle Gemeinschaft aufmerksam zu machen. Die Streifen in Rosa und Blau ober- und unterhalb des zentralen goldenen Streifens symbolisieren weibliche bzw. männliche Personen (unabhängig vom biologischen Geschlecht), während das Gold für gemischtes Geschlecht, ein drittes Geschlecht oder Geschlechtslosigkeit steht.

GENDERQUEER-FAHNE
Marilyn Roxie entwarf diese Fahne im Jahr 2010. Die verschiedenen Farben »sollen nicht darauf hinweisen, dass eine dieser Identitäten konzeptionell völlig getrennt oder gegensätzlich ist«. Lavendel steht für Androgynität, Weiß für Agender-Identität und Grün für diejenigen, deren Identität außerhalb des binären Geschlechts und ohne Bezug auf dieses definiert wird.

ASEXUELLE FAHNE
Nach Angaben des Asexuality Archive wurde diese Fahne von einem Mitglied des Asexual Visibility and Education Network (AVEN) im Rahmen eines Wettbewerbs im Jahr 2010 entworfen. Der schwarze Streifen steht für Asexualität, der graue Streifen für graue Asexualität oder Demisexualität, der weiße für Verbündete und der violette für die asexuelle Gemeinschaft als Ganzes.

FAHNE DES FORTSCHRITTS
Im Jahr 2018 startete der Designer Daniel Quasar eine Kampagne, um die Pride-Fahne neu zu gestalten und sie inklusiver zu machen, indem er einen fünffarbigen Winkelstreifen hinzufügte, der queere People of Color sowie die Trans-Community repräsentiert.

GLOSSAR

AGENDER
Eine Person, die sich mit keinem Geschlecht identifiziert.

ANDROGYNIE
Die Kombination typisch männlicher und weiblicher Merkmale und Ästhetik in einer mehrdeutigen Form, die durch Erscheinungsbild und Mode präsentiert wird.

ASEXUELL (ACE)
Personen, die keine sexuellen Gefühle gegenüber anderen verspüren. Bei manchen beruht Sex eher auf emotionaler als auf sexueller Anziehung, während andere sexuell desinteressiert sind. Es ist ein weitverbreitetes Missverständnis, dass asexuelle Menschen auch aromantisch sind, aber einige erleben romantische Anziehung und gehen romantische Beziehungen ein.

BISEXUELL (BI)
Sexuell oder romantisch mehr als einem Geschlecht zugeneigt

CISGENDER (CIS)
Personen, deren Geschlechtsidentität mit dem bei der Geburt zugewiesenen Geschlecht übereinstimmt.

COMING-OUT
Zum ersten Mal die eigene Identität als LGBTIQ+ offenbaren.

DEADNAMING
Verwendung des Geburtsnamens einer Person, auch wenn dieser geändert wurde (oft im Zusammenhang mit Namensänderungen während und nach einer Transition).

GENDER
Kulturelle und verhaltensbezogene Merkmale, die normalerweise mit dem bei der Geburt zugewiesenen Geschlecht in Bezug auf Weiblichkeit und Männlichkeit verbunden sind.

GENDERNEUTRAL
Sowohl für das männliche als auch für das weibliche Geschlecht geeignet oder anwendbar und somit weder das eine noch das andere Geschlecht ausschließend

GESCHLECHT
Einer Person bei der Geburt aufgrund ihrer Fortpflanzungsorgane zugewiesen, entsprechend den typischen Definitionen der männlichen und weiblichen Biologie

GESCHLECHTSANGLEICHUNG
Eine Transition, manchmal mit einem medizinischen Eingriff verbunden, die sich in einer Änderung des Namens, der Pronomen und anderer Aspekte äußert und es einer Person ermöglicht, in ihrem selbst identifizierten Geschlecht zu leben.

GESCHLECHTSDYSPHORIE
Unbehagen, verursacht durch eine Diskrepanz zwischen der Geschlechtsidentität einer Person und dem ihr bei der Geburt zugewiesenen Geschlecht

GESCHLECHTSIDENTITÄT
Persönliches Geschlechtsempfinden, das nicht unbedingt mit dem bei der Geburt zugewiesenen Geschlecht übereinstimmt und auch nicht notwendigerweise dem binären Geschlecht Mann/Frau entspricht.

HETEROSEXUELL
Personen mit sexueller oder romantischer Neigung ausschließlich zu Personen des anderen Geschlechts (männlich/weiblich)

HOMOPHOBIE
Furcht, Abneigung oder diskriminierendes Verhalten gegenüber Homosexualität und Bisexualität

HOMOSEXUELL
Romantisch oder sexuell auf eine Person des gleichen Geschlechts orientiert

INTERSEXUELL
Personen, die mit den biologischen Merkmalen beider Geschlechter geboren werden, d. h. mit einer Variation von Geschlechtsmerkmalen, die nicht den typischen Definitionen für männliche/weibliche Körper entsprechen.

LESBISCH
Frauen, die sexuell oder romantisch zu Frauen hingezogen sind.

NICHT-BINÄR (NON-BINARY)
Personen, die sich weder mit der Kategorie männlich noch weiblich (betrachtet als binäre Gegensätze) vollständig identifizieren.

NICHT-BINÄRE GESCHLECHTSIDENTITÄT (GENDER-FLUID)
Personen, die sich nicht mit einem bestimmten Geschlecht identifizieren und deren Geschlechtsidentität sich immer wieder ändert oder in mehreren Geschlechtern gleichzeitig ausdrückt.

ORIENTIERUNG
Die sexuelle oder romantische Neigung einer Person zu anderen Menschen

OUTING (GEOUTET WERDEN)
Die Offenlegung der Orientierung oder Geschlechtsidentität einer Person ohne deren Zustimmung

PANSEXUELL (PAN)
Personen, deren romantische oder sexuelle Neigung nicht auf ein bestimmtes biologisches oder soziales Geschlecht begrenzt ist.

QUEER
Im Englischen früher abwertend auf Homosexuelle gemünzter, inzwischen unspezifischer Begriff, der bewusst anstelle spezifischer Bezeichnungen für die sexuelle und romantische Orientierung sowie Geschlechtsidentität verwendet wird.

SCHWUL (GAY)
Männer, die sexuell oder romantisch zu Männern hingezogen sind. »Gay« wird im englischen Sprachraum teils auch von Frauen anstelle von »lesbisch« verwendet.

SEXUELLE ORIENTIERUNG
Identitätsbestimmende sexuelle Anziehung zu anderen Menschen

TRANSGENDER (TRANS)
Eine Person, deren Geschlechtsidentität nicht mit dem Geschlecht übereinstimmt, das ihr bei der Geburt zugewiesen wurde.

TRANSITION
Der Prozess, den eine Trans-Person durchläuft, um in dem Geschlecht leben zu können, mit dem sie sich identifiziert, und die Schritte, die sie unternimmt, um dies zu erreichen.

TRANSPHOBIE
Furcht, Abneigung oder diskriminierendes Verhalten gegenüber Personen, die sich als transgender identifizieren, einschließlich Deadnaming und die Weigerung, ihre Transition oder Geschlechtsidentität zu akzeptieren

TRANSSEXUELL
Medizinischer Begriff für Transgender-Personen, die eine operative Geschlechtsanpassung durchlaufen haben, weil ihr Geschlecht nicht mit dem Geschlecht übereinstimmt, das ihnen bei der Geburt zugewiesen wurde.

WEITERFÜHRENDE INFORMATIONEN

Allgemeine Informationen zur und über die LGBTIQ+-Community:
www.100mensch.de
www.regenbogenportal.de

Geschichte:
www.schwule-geschichte.de

Magnus-Hirschfeld-Gesellschaft
www.magnus-hirschfeld.de

Bundesstiftung Magnus Hirschfeld
www.mh-stiftung.de

Begriffe und Konzepte:
www.femref.uni-oldenburg.de/glossar/

Lesbisch und schwul:
Lesben- und Schwulenverband in Deutschland (LSVD)
www.lsvd.de

Homosexuelle Initiative (HOSI) Wien
www.hosiwien.at

Dachorganisation der schwulen und bisexuellen Männer in der Schweiz
www.pinkcross.ch/de

Lesbenorganisation Schweiz - LOS
www.los.ch

Trans*:
Deutsche Gesellschaft für Transidentität und Intersexualität
www.dgti.org

Selbsthilfeorganisation Trans-Ident
www.trans-ident.de

Intersexuell:
Bundesverband Intergeschlechtliche Menschen
www.im-ev.de

Bundesverband Intersexuelle Menschen e.V.
www.xy-frauen.de

Pansexuell, polysexuell oder polyamourös:
www.pansexuell.de

Nicht-binär:
www.nonbinary.ch/non-binaeres-geschlecht

Beratung und Hilfe:
Antidiskriminierungsstelle
www.antidiskriminierungsstelle.de

LeTRa – Lesbenberatung
www.letra.de

Trans*Inter*Beratungsstelle
www.trans-inter-beratungsstelle.de

Jugendliche beraten Jugendliche
www.comingout.de

Jung und queer
www.lambda-online.de

Österreich:
www.courage-beratung.at

Schweiz:
www.lgbt-helpline.ch
www.du-bist-du.ch

Infos und Hilfestellung zum Coming-out:
www.coming-out-day.de

Infos über HIV, AIDS und verschiedene Therapie- und Verhütungsmethoden:
Deutsche Aidshilfe (DAH)
www.aidshilfe.de

ICH WEISS WAS ICH TU
www.iwwit.de

Gentle Man
www.gentle-man.eu

Die AIDS-Hilfen Österreichs
www.aidshilfen.at

Aids-Hilfe Schweiz
www.aids.ch/de

Regionale Anlaufstellen (Auswahl):
Queere Jugend NRW
www.queere-jugend-nrw.de

diversity München
www.diversity-muenchen.de

Sub - Schwules Kommunikations- und Kulturzentrum München e.V.
www.subonline.org

Magnus-Hirschfeld-Centrum Hamburg
www.mhc-hh.de

Begegnungs- und Beratungs-Zentrum »lebensart« Halle (Saale)
www.bbz-lebensart.de

Queere News:
www.enough-is-enough.eu
www.queer.de
www.mag.dbna.com

CSD-Termine und -Infos:
www.csd-termine.de

LGBTIQ+-PERSONENREGISTER

A
Adams, Nicola 102
Angerer, Nadine 105
Arnold, Alice 93
Axgil, Axel 22, 24

B
Bacon, Francis 42
Baker, Gilbert 122
Balding, Clare 93
Baldwin, James 17, 76
Baldwin, Tammy 119
Baudry, André 22
Bergé, Pierre 92
Boswell, Holly 6
Bowery, Leigh 43
Bowie, David 48
Brand, Adolf 32
Brnabić, Ana 63
Butler, Judith 54

C
Charles, RuPaul 93
Charoenphol, Parinya 104
Choi, Dan 108
Cox, Laverne 81, 96, 97
Crandall, Rachel 98

D
De Rossi, Portia 93
Dearden, Basil 120
DeGeneres, Ellen 47, 93
Delanoë, Bertrand 63
Diaz, Jean Marie 112
Dillon, Asia Kate 81
Du Toit, Susanne 90

E
Edelman, Lee 55
Elagabal 11
Elbe, Lili 12
Eskildsen, Eigil 24

F
Fashanu, Justin 104
Forster, Jackie 30, 31, 33
Foucault, Michel 33, 54

G
Genet, Jean 120
Ginsberg, Allen 76
Gittings, Barbara 27, 33

H
Halberstam, Jack 55
Hang, Ren 43
Hanscombe, Gillian 30
Haring, Keith 42
Harris, Kwame 105
Hay, Harry 23
Helms, Monica 122
Hennessy, Rosemary 55
Hester, Rita 112
Higgins, Terry 68
Highsmith, Patricia 16
Hirschfeld, Magnus 12, 13
Höch, Hannah 42
Hockney, David 33, 42
Howard, Brenda 58
Huijsen, Coos 62

J
Jenner, Caitlyn 105
John, Elton 48
Johnson, Marsha P. 36, 46
Jorgensen, Christine 16

K
Kameny, Frank 16
Kar-wai, Wong 120
Kechiche, Abdellatif 121
King, Billie Jean 104
Kinsey, Alfred 26
Klimmer, Rudolf 26
Kosofsky Sedgwick, Eve 54
Kramer, Larry 69

L
Lady Gaga 43, 85
LeBar, Georges 93
Lee, Ang 121
Lelio, Sebastián 121
Lestrade, Didier 70
Lorde, Audre 74
Louganis, Greg 104

M
McKinnon, Rachel 81
Mécary, Caroline 91
Merlo, Frank 92
Milk, Harvey 64, 65
Miller, Terry 113
Mishima, Yukio 32, 76, 120
Miwa, Akihiro 120
Muholi, Zanele 43
Muñoz, José Esteban 55

N
Nabagesera, Kasha 114
Naegle, Walter 93
Negrón, Luis 77
Nuwas, Abu 13

O
Ocean, Frank 81
Okparanta, Chinelo 77

P
Page, Michael 122
Passmore, George 93
Prousch, Gilbert 93

Q
Quasar, Daniel 123

R
Rapinoe, Megan 105
Rielly, Tom 112
Rivera, Sylvia 36, 39, 46
Rodwell, Craig 17
Roxie, Marilyn 123
Rustin, Bayard 93

S
Sackville-West, Vita 92
Saint Laurent, Yves 92
Sartre, Jean-Paul 33
Savage, Dan 113
Shikhandi 11
Sigurðardóttir, Jóhanna 63
Smith, Gwendolyn Ann 112
Stein, Gertrude 92

T
Taïa, Abdellah 77
Tapety, Kátia 62
Tatchell, Peter 47, 52, 118
Thomas, Gareth 104
Thorpe, Ian 105
Toklas, Alice B. 92

V
Varadkar, Leo 63
Varney, Evie 122

W
Wagner, Vivian 6
Walker, Alice 76
Weerasethakul, Apichatpong 121
Wiley, Kehinde 43
Williams, Tennessee 92
Winterson, Jeanette 77
Woolf, Virginia 92
Wright, Billy 16

Y
Yinhe, Li 86

Copyright der deutschsprachigen Ausgabe:
© Prestel Verlag, München · London · New York, 2022
in der Penguin Random House Verlagsgruppe GmbH
Neumarkter Straße 28 · 81673 München

Conceived and produced by Elwin Street Productions Limited.
10 Elwin Street, London E2 7BU
Copyright © Elwin Street Productions Limited 2020

Vorwort: © Linus Giese, 2021

Illustrationen: © Rebecca Strickson (S. 14, 44, 78)

Bildnachweis: © Getty Images: S. 13, 25, 31, 53, 71, 87, 103, 109; © Alamy Stock Photo: S. 37, 63, 75, 97, 115; Efrain John Gonzalez, Hellfirepress.com: S. 57; © Shutterstock: S. 28–29, 40–41, 56–57, 62–63, 88–89, 100–101, 110–111.

Der Verlag weist ausdrücklich darauf hin, dass im Text enthaltene externe Links vom Verlag nur bis zum Zeitpunkt der Buchveröffentlichung eingesehen werden konnten. Auf spätere Veränderungen hat der Verlag keinerlei Einfluss. Eine Haftung des Verlags ist daher ausgeschlossen.

Projektmanagement: Julie Kiefer
Übersetzung aus dem Englischen, Lektorat und Satz: VerlagsService Dietmar Schmitz GmbH
Gestaltung: Natalie Clay
Covergestaltung: Cornelia Niere, München
Herstellung: Luisa Klose
Druck und Bindung: DZS GRAFIK, d.o.o.

Gedruckt in Slowenien

ISBN 978-3-7913-8883-0

www.prestel.de